„Siehe, ich wache auf aus dem Tode!“

# Die Geheimlehre des Ägyptischen Totenbuchs

Peryt Shou

Die Geheimlehre des Ägyptischen Totenbuchs
Mysterium des Dunklen Lichts
Mit Übertragungen und Kommentaren
Von Peryt Shou

1931 Erschienen im Renatus-Verlag Lorch



Schleierwelten-Verlag . Nicole Osmanovic
Verlag-Nr. 937341
Internet: www.schleierwelten.de . www.shop.schleierwelten.de .
www.okkultshop.de
Kontakt: webmaster@schleierwelten.de
Umschlaggestaltung & Layout: Nicole Osmanovic . art&design
Gesamtherstellung: Books on Demand GmbH, Norderstedt



ISBN 978-3-937341-31-6

# Inhalt

# Vorwort

Kaum eine Schrift dürfte tiefsinniger und der heutigen Kultur verschlossener sein als das Totenbuch. Eigentlich genannt: „Die Schrift vom Wiederkehren am (neuen) Tage“:

Pir em haru

redet sie zu unserer Zeit eine geheime, aber mächtige Sprache. Das hindert indes nicht daran, dass unsere gelehrten Sprachhandwerker sie als eine Kinderfibel betrachten und vom Thron ihrer Kathederweisheit auf sie herabblicken, wie auf kindliche Imbezillitäten. Wenige Forscher wie Maspero, Champollion, Dümichen, Brugsch, waren ehrlich genug, hinter diesem sphinxartigen Dokument der Menschheit das größte, aber fast verblichene Zeugnis einer Kulturepoche zu sehen, welche die heutige an innerer Tiefe, Ruhe und Klarheit bei weitem übertrifft.

Aber in einer Zeit, die sich voller Eitelkeit und Hochmut über andere Zeiten hinwegsetzt, die nur in dem Wert ihrer selbst und in dem Wahn lebt, „wie herrlich weit sie es gebracht hat“, dürften die Cherubime, die vor den Toten-Mysterien der Ägypter schweigend Wache halten, kaum etwas zu sagen haben.

Mögen diese Geschlechter vergehen und wieder einschlafen, die Sphinx im Wüstensande des alten Pharaonen-Reiches wird Wache halten. Nach der Zeiten rollendem Ablauf, nach dem ehernen aber stummen Himmelsgesetz der Sterne dort oben, wird auch ihre Epoche wiederkehren.

„Gott-Werdung" wird dann kein leeres Schlagwort mehr sein, sondern wieder zur naturgegebenen Eigenschaft des Menschen werden, der seiner selbst treu ist und auf die Staubkörner dessen herabblickt, was sich einst als intelligente (und in gewissen Kreisen magisch initiierte) Hochkultur bezeichnete.

# Prooemion

„Lasst uns anzünden das Licht für die Nacht, welche folgt dem Tag ..."

Diese Worte des „Totenbuchs", Kapitel 137, bezeichnen Sinn und Zweck desselben. Der Wissende um die ewigen Gesetze, welche Diesseits und Jenseits verknüpfen und die im „Totenbuch" niedergelegt und dargestellt sind, betritt die Nacht des Todes nicht wie ein Irrender, sondern wie ein Wissender. Ihm wird sich das Dunkel erhellen durch das Licht, welches er angezündet hat.

Darunter ist nun, wie der Text weiterhin sagt, ein bestimmtes inneres Organ verstanden, das sogenannte „Uzhver" (Zentral-Sinn), mit dessen Ausbildung sich die Esoterik des „Totenbuchs" in erster Linie befasst. Wir sollen sehen lernen - hinaus über den engen Horizont des Sinnlichen, hinein in die ewigen geistigen Welten. Dort leben wir den Tag, der keinen Anfang und kein Ende hat!

Wir lernen erkennen, was im Grunde auch Kant lehrte, dass Tod und Leben nichts Reales an sich, sondern nur Zustände des Erkennenden sind, die sich wandeln und ablösen.

„Der Anfang des Lebens ist die Geburt, dieses ist aber nicht der Anfang des Lebens der Seele, sondern des Menschen. Das Ende des Lebens ist der Tod, dieser ist aber nicht das Ende des Lebens der Seele, sondern des Menschen. Was wir Geburt, Leben und Tod nennen, sind also verschiedene Zustände der Seele, richtiger gesagt, der unsterblichen Individualität des Menschen."

Kant

Die unsterbliche Individualität geht durch verschiedene Zustände hindurch; aber wenn sie zur Selbst-Erkenntnis gelangt ist im Menschen, überdauert sie dieselben; denn sie sind nur ihre Bedingtheiten, nicht ihr Wesen!

Das wahre „Ich-Bin" des Menschen steht unberührt jenseits jeder Anschauungsform und jedes Erkenntnis-Zustandes. Lehrte uns Kant diese bereits zu objektivieren und abzustreifen, so geht das „Totenbuch" weiter. Es zeigt uns das „Ich-Bin-Organ", das Uz-hver in seiner Funktion systematisch geschult. Die Gnostiker machten aus ihm Luci-fer, d.h. den negativen Aspekt dieses hohen geistigen Organs, der sich als Ichheit (indisch: Ahamkara) präsentiert. Das 50. Kapitel des Totenbuches schildert ein Experiment wie folgt:

„Die vier Bänder am Rande meines Hauptes sind gefesselt. Der, welcher im Himmel ist, hat festgemacht das Seil an dem, der machtlos zurücksank auf seine Hüften am Tag des Lammes. An ihm wurde das goldene Vließ gewonnen. Der Übende spricht: Ich bin ergriffen von den beiden Enden. Die Stricke am Rande meines Hauptes sind gefesselt von Nut, in der ersten Zeit, da ich treu den Vorschriften lebte ..."

Diese Worte enthalten ein Experiment, das um so bedeutsamer ist, als in ihm der Schlüssel auch zu der Taumatologie oder „Wunder-Lehre" des Neuen Testaments, überhaupt zu den Ur-Phänomenen des Christentums enthalten ist.

Christentum, Judentum, Brahmanismus, Totenbuch gehören in ihren esoterischen, ihren religiösen Ur-Lehren absolut zusammen. In ihrer Dogmatik und Exegetik zweigen sie sich ab, aber es gibt nur eine Ur-Religion, in der sie übereinstimmen. Freilich betont das Judentum am meisten den negativen oder „saturnischen Pol" derselben, aber auch dieser ist notwendig als Gegenpol zu allen anderen (der positiven, oder Ares- Religionen). Ares (Mars) und Saturn sind schon in der alten Philosophie die beiden Pole der Schöpfung, bei den Griechen das ur-feurige und das ur-kalte (intellektuelle) Urprinzip. Ein Pol treibt den ändern heraus, wie die positive Elektrode die Kraft der negativen weckt und steigert. Alle Entwicklung behauptet sich nur im spannenden Gegensatz beider. Und diesen Gegensatz lahmlegen heißt den Willen des Schöpfers selbst bekämpfen! Das kann niemand ohne schwere Einbuße am Eigenen. Wohl gilt es, diese Pole in ihrer Wirksamkeit dadurch zu steigern, dass man sie läutert!

„Sie sind nur miteinander gut, der David und der Alexander ..."

Goethe, „ Das Kartenspiel"

Jenes Experiment bildet das erkenntnistheoretische Fundament des Totenbuchs. Es enthüllt uns das Gesetz einer odischen Polarität als grundlegend für alle geistige, ethische und methaphysische Hinauf-Entwicklung der Menscheit. Es sind die Symplegaden der Einweihung, die sich hier entrollen, unvermeidlich für allen geistigen Anstieg. Um in ein höheres Erkennen zu treten, muss die Seele im größeren Maße konzentriert werden. Das Experiment schildert darum an sich einen Konzentrations-Vorgang, durch welchen der Eintritt in die eigentliche Wissenschaft des Totenbuchs ermöglicht wird, und zwar wie folgt:

Der Körper, insbesondere das Gehirn des Menschen, ist eingehüllt in eine feinere Strahlen-Materie. Von Naum-Kotik und Prof. Richet wurde sie u. a. durch die sogenannte „Calcium-Sulfit-Kappe" wissenschaftlich nachgewiesen. Sie ist die Essenz des höheren Menschen. In ihr gilt es zu erwachen. Durch einen bestimmten Akt der Konzentration kann unser Gefühl für die Wahrnehmung dieser Kraft-Strahlen gesteigert werden. Von dem Uz-hver-Organ des Gehirns, dem sogenannten „Coronarium" (Epiphyse) unserer Medizin, gehen latente Elektronen-Spannungen von großer Intensität aus. Durch folgenden Akt der Konzentration lernen wir sie ermitteln. Die „ vier Bänder am Rande des Hauptes" bilden ein Kraft- Feld von quadratischer Form, das „ heilige Quadrat". Man erzeugt es wie folgt:

> Strecke die Hände aus in die Höhe des Mittelpunktes deines Kopfes, seitwärts, und imaginiere zwischen den Handmitten zwei elastische Stäbe aus Stahl oder Rohr. Diese biege zunehmend, indem du die Hände einander näher bringst, bis eine Spindel entsteht. Sie ruht zwischen den Handmitten und bildet eine linsenförmige Spannung des Elektronen- Kraft-Feldes um deine Stirn.

Stelle dir diese Spindel genau so vor, dass die Berührungslinien (Tangenten) an ihren Enden unter sich ein Rechteck bilden, und diese Spindel deshalb von diesem Rechteck gehalten und umklammert ist. Daraus geht hervor, dass die Bögen, um in das Rechteck zu passen, eine bestimmte Biegung haben müssen. Auch ist die Widerstand gebende Kraft der gebogenen Stäbe deutlich vorzustellen. Hast du Spindel und Rechteck so in der Vorstellung zwischen deinen Handmitten, so werden diese sich unter einem Laut fühlend erregen, wenn du nämlich die Hände jetzt langsam an den Leit-Linien rhythmisch hinab bewegst und dabei das Wort

I-sis

sprichst, mit zartem säuselndem nasalem Nachhall des s-Lautes und langem „ i." In diesem Wort „ I-sis" erweckt sich dann ein Sausen in deinen Handmitten. Es ist die „jungfräuliche Ur-Substanz", die Protyle, aus der diese Welt gezimmert ist, in ihrem Grundbau.

Isis, die große Gottes-Mutter des Totenbuchs, enthüllt ihren Schleier vor deinem Antlitz und rauscht in deinen Händen. Nun begreifst du auch den Vers des Totenbuchs:

> „Es kommt zu dir I-sis, dass sie dir gebe das „Sausen", das du liebst (es ist nämlich ein Liebes- und Anziehungsakt zu dieser Ur-Materie, der das „Sausen" bewirkt), damit es eingehe in die Verborgenheit deines Hauptes, und du sie sehest und lebest in ihr."

Dies Experiment soll man aber nur im Zustand der Weihe und inneren Hingebung ausführen. Nur dann erschließt es seine verborgene initiatorische Kraft. Als bloße Suggestion erlebt, vermag es im Anfang wohl zu entzünden und überraschen, aber es wird wertlos und verblasst. Es fasst nur Fuß im Herzen dessen, der von der großen „Mater-Natura", von der „Isis Maria" erkannt und angenommen wird, wer edel strebt zum Höchsten und den Kampf nicht scheut um das Kleinod der Kleinode.

> „Geheimnisvoll am lichten Tag
> Läßt sich Natur des Schleiers nicht berauben;
> Und was sie deinem Geist nicht offenbaren mag,
> Gewinnst du ihr nicht ab mit Hebeln und mit Schrauben."
>
> Goethe

Wiederhole dies Experiment, insbesondere zur Sonne gewendet, des morgens und abends, aber nur bis du das Sausen fühlst. Dann brich ab und beschäftige dich mit geistigen bezüglichen Dingen.

Alle großen Wahrheiten wurden nicht nur erdacht, sondern auch ertastet und erkannt. Sie entstanden zuerst im Fühlraum des Ich und wurden von ihm projiziert ins Gehirn.

Alles Fühlen ist ein Sehen unter der Haut oder vielmehr durch die Haut, durch ihre diskreten Argus-Organe, die terminalen Augen der Fühl-Nerven. Im gleichen Augenblick, wo wir mit geschlossenen Augen einen Gegenstand erfassen und umtasten, haben wir eine Vorstellung von ihm. Wir sehen also, indem wir tasten.

Im Fühlraum des Ich (Aura) entsteht alles früher als es in der Welt esehen wird. Sehen und Fühlen sind also kombiniert in einem elementaren, höheren Sinne, dem Tast-Sehen, im Uz-hver oder Coronarium, durch das wir sehen können und zurücktasten zu den Anfängen der Dinge. Derjenige, bei dem das Sehen und Fühlen auf einer undifferenzierten Basis geschieht, ist ein Hellsichtiger. Die Akkomodation des Fühlsinnes an den Sehsinn ist bei ihm noch ursprünglich. Bei aller Verfeinerung dieser Sinne muss die gemeinsame Wurzel noch erkenntlich bleiben. Sie heißt das Uz-hver-Organ oder Coronarium, dessen geistige Eigenschaften neben seinen sinnlichen uns nun in dem Weiteren entgegentreten.

## Der Auferstehungsglaube bei den alten Ägyptern

Unter allen großen Kulturvölkern der Antike waren die Ägypter diejenigen, welche von einem Leben nach dem Tode die plastischste, klarste und wissenschaftlichste Vorstellung besaßen. In mannigfachsten Formen ist dieselbe in die religiösen Anschauungen der Juden, Griechen, Römer und Christen übergegangen. Herodot erzählt uns von der Frömmigkeit der alten Ägypter, und Plato, Pythagoras, Thaies und Plutarch, welche in ihre Mysterien eingeweiht waren, preisen die Reinheit, den sittlichen Ernst und die Tiefe ihrer Anschauungen. Unsere heutige Ägyptologie hat nun freilich das psychologische Problem dieser Mysterien noch nicht im geringsten gelöst, und vieles gibt es hier noch zu tun. Aber die große kulturelle Bedeutung des religiösen Anschauungslebens der Ägypter für die Entwicklung der Antike überhaupt kann niemand leugnen.

Freilich, die gewisse Exklusivität und zurückhaltende Strenge des ägyptischen Naturells, die fast steife formale Geschlossenheit ihres Gedankenlebens hat manchen eifrigen Pionier der Wissenschaft schon stutzig gemacht und zur Umkehr getrieben. So sind die positiven Resultate in der Erforschung des äpyptischen Geisteslebens heute noch gering, bedingen sie doch unter anderem psychologische und esoterische Vorkenntnisse. Das Studium der indischen Esoterik hat fast mit Notwendigkeit dem der ägyptischen Kosmologie und Geheimlehre voranzugehen.

Wenig ist an solcher Lehre auf den ersten Blick evident. Die rein rationelle Ausdeutung der sakralen Texte ist so gut wie belanglos. Wie ihre Schrift rebusartig, so ist ihr Denken zugleich prägnant und vieldeutig. Es ist ursprünglich nur in wenigen Formeln gegeben, aber diese Formeln sind zu umfassend und tief, dass sie ohne jede esoterische Schulung zu lösen wären. Das Leben im Diesseits war für den initiierten Ägypter fast durchweg in den Formeln eines jenseitigen Lebens gefangen. Die Priester, die „Tempelwächter", die „Hüter der Nacht", auch genannt „Die da wissen das Geheimnis des Himmels", taten, was sie als „Auferstandene", als „Söhne des Osiris" und seine Reinkarnationen zu tun hatten. Dabei erfüllte eine merkwürdige, der urchristlichen Anschauung verwandte Idee ihren Kultus. Sie starben als Osiris, getötet von Set, dem Genius der Materie und des niederen materiellen Intellekts.

Dieser Set mit seinen „Rebellen" gleicht fast immer den indischen

Asuras, die sich mit anmaßendem stolzem Geist dem Willen der Götter entgegen werfen. Nach schwerem Kampf mit ihnen ersteht der Initiierte neu in der Messiasform des Osiris, die bald ebenfalls Osiris, bald Horus genannt wird. Im Herbst und Frühjahr wurden nach prunkvollen Festen und Prozessionen die Einweihungen vollzogen, in denen die Mysten die Umwandlung in die Osiris-Gestalt erfuhren. Dann folgte für sie eine Zeit der Prüfungen, jene genannten Kämpfe gleichsam zwischen dem höheren und niederen „Manas" (Horus und Set), bis schließlich unter günstigen Bedingungen die neue Lebensform erreicht war. Osiris wurde angebetet im Bild einer Mumie (Sahu), in dem Bild eines Verstorbenen in Osiris-Gestalt. An dieser Mumie wurden bestimmte Prozeduren vollzogen, gewisse „Knoten" geschürzt, andere gelöst und gewisse heilige Worte gemurmelt. Die Worte hatten die Macht, die „Knoten" zu lösen, und eine Kraft von der Mumie in den Neophyten einströmen zu lassen, durch welche dieser den Ka (Geist) des Toten gleichsam an sich zog. Bei diesen Prozeduren entstanden eine Reihe von Schriften, welche in den Priester- und Königsgräbern, den „Heiligtümern des Osiris" gefunden wurden, die sogenannten Totenbuch-Texte, in denen sich die gestorbenen Osiris-Initiierten als auferstanden selbst bezeugen. Kapitel XI Totenbuch:

„Hier ist Osiris!"
„Ich habe ausgestreckt meine Hand als Herr der Krone, ich habe erhoben meine Füße."
„Ich stehe auf gleich Horus, ich bin siegreich als Tot."
„Ich gehe mit meinen Füßen, und spreche mit meinem Munde."

Von der Krone des ewigen Lebens Osiris lesen wir auch im christlichen Testament. Sie ist den Ägyptern ein Einstellungssymbol, ein Sinnbild geistig-körperlicher Verfassung, in welcher der Strahl des Logos in den inneren Menschen einfällt und ihm das Bewusstsein der Unsterblichkeit mitteilt. Bemerkenswert ist hier, dass der Tote erst allmählich seine Glieder zurück erhält, und wie wir weiter sehen, durch ein mystisches

Wort (Schlüssel-Logos) jedes derselben zu entsiegeln vermag. So heißt es in einem anderen Text:

> „O Osiris Amenti Du hast deinen Kopf zurückerhalten. Du bist wieder im Besitz deines Fleisches. Zurückgegeben sind dir deine Glieder, Zusammengefügt deine Körperteile ... Geheilt sind alle deine Leiden, Gesundet bist du von ihnen, Dein Jammer kehrt nimmer wieder ..."

Osiris Amenti heißt „Osiris im Westlande", wo die Sonne untergeht, um wiederzukehren. Die Seele sammelte sich am Abend zur Vereinigung mit der Gottheit. Zugleich aber enthält das Wort „Amenti" eine Logosschwingung, die wie das christliche Amen eine auslösende Wirkung für bestimmte metaphysische Erkenntnisse hatte. Ein gewisses psychologisches Milieu finden wir in den folgenden Texten des Totenbuchs (Kapitel 110) angedeutet:

> „Er (der Tote) hat eingenommen seinen Sitz vor dem großen Gott (Osiris)." „Er ist dort mächtig, er ist dort verklärt, er pflügt dort, er erntet dort, er trinkt dort und pflegt dort der Liebe und tut alles, was er auf Erden tat."

Es ist hier zu bemerken, dass der Eingeweihte eben das hier angedeutete Leben führte, weil er als Auferstandener galt. Das Jenseits war dem Ägypter ein Bewusstseinszustand, kein Ort. Der Sitz des Eingeweihten ist ein nur durch Astralsehen erkennbarer Himmel. Er steigt von „der großen Treppe" herab, wenn es ihm beliebt: Papyrus-Louvre:

> „Du isst das Brot mit dem Gott an der großen Treppe des Herrn der Neunheit. Du ergehst dich dort, bist verbunden mit den Horus-Dienern (den Eingeweihten). Du steigst hinauf und hinab und niemand hält dich zurück."

Die „Treppe" (chont) ist ein wichtiger astraler Ort zwischen Wassermann und Fischen genau die gleiche, aus welcher der jüdische Patriarch die Engel Gottes auf und ab steigen sieht. Nur hier sind es die Initiierten. Der Mond im Zeichen Stier gab der Seele den Aufschwung zu diesem transzendentalen Ort. Hier ist die innerste Sphäre des kosmischen Embryonallichts, das meist im Bild des „Welteis“ (chet) begriffen wird. Sie wurde genannt der Hamun-See bei den Parsen, in welchem der Same des Zarathustra ruht, wie in den Fischen der Funke des Messias. Den Schlüssel zum Verständnis dieses Ortes bietet der Mond, die „große Isis der Mysterien“, den wir weiterhin abhandeln werden.

In den Pyramiden-Texten finden wir eine Art Grabrede, welche uns wiederum an christliche Anschauungen erinnert, nur heißt es nicht: So wahr Christus lebt, sondern:

> „So wahr Osiris lebt, wird auch er leben, so wahr Osiris nicht gestorben ist, wird auch er nicht sterben, so wahr Osiris nicht vernichtet ist, wird auch er nicht vernichtet werden."

In Osiris (Iisir), indisch Isvar, christlich (Isvah) Jesus, wird sich der Logos im Menschen bewusst. Und damit ist der Tod überwunden. Denn der Mensch ist nur unsterblich, soweit sein Geist und sein Denken am Welt-Logos teil haben. In den Eingeweihten lebte fortan Osiris, wie im Christen Christus (Römer 6). Die Bedingung für dies Leben lautete beim Ägypter „Frömmigkeit!“ So sagt Erman:

> „Sie (die frommen Ägypter) führen (nach dem Tode) nicht eine geisterhafte gespenstische Existenz, sondern sie erwachen zu einem wirklichen neuen Leben im vollen Besitze ihres Körpers und ihres Geistes. Sie besitzen ihr Herz (Totenbuch, Kapitel 68), sie besitzen ihre Sinne, sie besitzen ihren Mund, sie besitzen ihre Füße, sie besitzen ihre Arme, sie besitzen alle ihre Glieder!"

Oft hören wir auch einen verzweifelten Ruf an die Gottheit, wenn die Kräfte den Mysten zu verlassen drohen und er im Kampf mit den zu astralen Gedankenformen verwandelten Leidenschaften seiner eigenen

Seele zu unterliegen fürchtet. So Totenbuch Kapitel 21:

> „Heil dir, Herr des Lichts. Gib mir meinen Mund, dass ich reden kann, und führe mein Herz in der Stunde der Finsternis und der Nacht!"

Man vergleiche hier den Psalm 22:

> „Große Farren haben mich umgeben, starke Ochsen haben mich umringt."
> „Ihren Rachen sperren sie wider mich gleich brüllenden und reißenden Löwen."
> „Ich bin ausgeschüttet wie Wasser; alle meine Gebeine haben sich zertrennt ..."

In fast noch glühenderen Farben lesen wir nicht selten von den unterweltlichen Qualen der Seele in jenen genannten Stanzen des Totenbuchs und den Pyramiden-Texten. Wie ein bunter Film rollen sich alle Eindrücke der Seele, die der Myste früher von außen aufgenommen, mit in sinnliche Leidenschaft getauchten Augen gleichsam angesogen hat, jetzt vor seinem inneren Auge ab. Die Eindrücke erscheinen in eine tiefere Sphäre der Seele hineinprojiziert, in welcher der Gott oder das Ebenbild Gottes, wie es biblisch heißt (1. Mose 1, 27), verwahrt liegt. Psychologisch merkwürdig ist hier nur die Art, wie dies tiefere Bewusstsein im Menschen aufgeschlossen wird. Der Eingeweihte legt seine rechte Hand auf einen besonderen „Knoten", ein organisches Zentrum der Mumie, an welchem die „Bänder gelöst werden" müssen. Es ist meist ein Zentrum unterhalb des Halses (Ankh) und ein zweites in der Herzgrube (Chnum). Diese beiden Zentren - der Inder nennt sie „Tschakrams" - müssen von Eingeweihten vorher entwickelt sein, damit er den von der Mumie ausgehenden Lebensfunken (Ankh) empfangen kann. Durch die beiden Zentren ist der androgyne Urmensch in seinen physischen Eigenschaften neu geweckt. Dieser Urmensch, wie der biblische Adam (ante lapsum), ist der Auferstehung fähig, der natürliche nicht. In dem Mysten ist so neben seiner männlichen Natur das weibliche Komplementär, die Isis, entwickelt worden. Darum spricht nun der Myste, seine Hand über den Leichnam ausstreckend:

„O Osiris im Westen (im Totenland), komm zu mir. Ich bin deine Schwester Isis."

Der Myste ist durch das obere Experiment verwandelt in Isis. Die Handlung schreitet fort:

„Stehe auf, Stehe auf! Komme auf mein Wort! Dein Name erklingt jetzt in allen Gauen. Sie rufen dich (mit mir) an in ihnen zur rechten Zeit!"

Die Sonne heißt auch das „rechte Auge", der Mond das „linke Auge" des Himmelsgottes. Sie drücken die polaren Prinzipien der Natur aus, das positiv-männliche und das negativ-weibliche. Beide gelten in Mann und Frau gespalten oder auseinander getreten. Die geweihte Mumie stößt das positive Jon nach dem Tode aus jenen genannten Zentren aus. Wir könnten auch sagen, die Seele verläßt den Leichnam. Aber dies wäre unwissenschaftlich. Die Erfahrung lehrte die Ägypter, dass es odmagnetische Kräfte sind, gleichsam Elektrizitäts-Atome) positiver respektive negativer Natur, welche im Tode aus dem Leichnam hervortreten, um neue Verbindungen einzugehen. Sie sind eingeschlossen in den Knochen-Kapillaren jener Zentren, Tschakrams, und warten der erlösenden Verbindung. An dem Körper aber der geweihten Mumie geschah nun dies seltsame Mysterium, dessen Widerhall wir im christlichen Kultus finden. In der Form eines höheren Begattungsaktes verbindet sich das negative aus jenem Tschakram (diskreten Zentrum) des Initiierten ausstrahlende Ion mit dem positiven Ion der Osiris-Mumie zu jenem androgynen Übermenschen, der im Mysten neu ersteht. Zu diesem Zweck breitet der Myste seine rechte Hand über das Chnum-Zentrum der Osiris-Mumie aus. Als Kriterium dieser Vereinigung und Neu-Zeugung dient das Wort. Ein bestimmter

Logos vibriert durch den Körper und haftet im Tschakram der rechten Hand, zum Zeichen, dass dieses Zentrum arbeitet.

Die Bezeichnung Ad (Od) für Emanation, Tau, Urfeuchte findet sich schon bei den Ägyptern. Nach der Bibel geht der Mensch aus der gleichen Urmaterie Od oder Ed (1. Mose 2, 6) hervor. Die Behauptung des Physikers Helmholtz, dass die Elektrizität genau so atomistisch sei wie die chemischen Elemente, hat sich durch die neuen Untersuchungen an den Kathodenstrahlen und am Radium bestätigt. Solches Wort war die geheime Anrufung des Gottes selbst, sein Name, den nur die Mysten richtig auszusprechen wußten. Um sich einen annähernden Begriff dieses psychologischen Vorgangs zu machen, nehme man für den Zweck der Untersuchung die Habichtsstellung des Horus ein, breite die Hände kreuzförmig nach beiden Seiten und spreche die Silben Ha pij (das j energisch im Körper tönend), dann wird man in Folge der Muskel-Anspannung die Tonwallung der Silbe Ha zunächst bis zu den Händen, bei dauernder Konzentration auf die Füße gehend und stehend dieSilbe pij aber bis zu den Füßen fühlen. Pi-joh war ägyptisch die diskrete Kraft des Mondes, die den Toten Osiris (den Mysten) belebt und ihn zur Auferweckung bringt aufgrund des Strahlungsdruckes der Mondwelle, welche das Ton-Element nach den Füßen abklingen lässt. Spricht man nun Jis (wie in Jisi, Isis), so haftet der Ton in den Füßen und gleichzeitig bei ausgestreckter Hand in der Rechten. Durch diese Logoswelle verkörpert sich nach ägyptischer Anschauung die Seele des Mysten neu. Die Ägypter beobachteten zuerst die Strahlungs-Energie jener diskreten Zentren im Körper und sodann ihren sexuell-polaren Stoffwechsel. Wir vermögen heute diese Kräfte auch unabhängig von den Mumien zu fühlen, weil der Logos des christlichen „Osiris“, Jesus, durch den mystischen Kreuzestod in den Astralkörper unseres Planeten übergegangen ist.

Die Silbe „je“ in

Jesus, welche in der Kreuzespose ebenso nach den Füßen abfließt wie in Ha-pij, bedeutet ebenfalls den Strahlungsdruck der intelligiblen Mondwelle, „Sus" dagegen die brachio-pedale Konsonanz, das sind die Druck-Fermate in den Hand- und Fuß-Zentren (Stigmen), welche durch jene (Kreuzes-) Pose geweckt werden. In Fig. 1 b der obigen Abbildung, die dem 89. Kapitel des Totenbuchs entnommen ist, sehen wir, wie der Horus-Genius die Mumie besucht, die Seele sich mit dem Körper wieder vereint. Die völlige psychologische Lösung dieses Problems liegt zum großen Teil noch in der Zukunft, aber so viel lässt sich schon jetzt mit Bestimmtheit sagen, dass die Ägypter als die gründlichsten Erforscher dieser metapsychischen Probleme zu gelten haben. Sie waren von der Vorsehung bestimmt, ein Mysterium zu hüten und nur denen weiterzugeben, die ihnen als würdig erschienen. So haben ein Moses, ein Orpheus, ein Plato, ein Christus bei ihnen gelernt. Die Kirche aber hat keinen Ruhm daran, diese Mysterien zu neuen Formen aufgelöst zu haben, am wenigsten, wie schon Goethe rügt, der Protestantismus, der jene Mysterien ins Volk werfen wollte, um sie einer vulgären Verstandes-Analyse preiszugeben. Auch hier gilt der Satz:

„Mit List sind die großen Dinge nicht zu gewinnen. Denn klüger als die Kinder des Lichts sind die Söhne der Finsternis!"

Die Söhne der Finsternis, die klugen intellektuellen Asuras, haben einstweilen das Heiligtum im Besitz. Aber wenn die Stunde schlägt werden sie es zurückgeben müssen wie jenes Pfand, das der Logos des Testamentes wieder einzufordern kam.

# Die kulturelle Bedeutung der antiken Mysterien

„Um Mitternacht sah eine strahlende Sonne auf alle Götter der Unter- und Ober-Welt."

Mit diesen Worten beschreibt der Römer Apulejus, ein platonischer Philosoph des zweiten Jahrhunderts n. Chr. sein Mysterien-Erlebnis. Wo wir immer im Altertum, besonders aus dem Munde hervorragender Männer wie eines Plato, Phythagoras, Sophokles, Euripides und Aischylos Urteile über das Mysterium hören, tritt es uns bedeutend und in seinen Eindrücken gefangen nehmend, ja überwältigend entgegen. Es bildete den eigentlichen Kernpunkt des antiken Geisteslebens, zu dem wir als Kulturmenschen unserer Epoche nur schwer heran dringen, denn die ganze Empirie der Mysterien ist dem heutigen Bewusstsein verblasst und zu einer Chimäre geworden.

Wir erfreuen uns des Glanzes einer Wissenschaft, die sich mit beispiellosem Erfolg dem Feld der sinnlich-rationellen Erfahrung zugewendet hat. In die Rüstkammer des inneren Lebens, aus welchem sich die Perspektiven der äußeren Dinge entrollen, schauen wir nun mit großem Vorbehalt, ja fast mit Misstrauen, denn wir empfinden, dass wir hier die Sicherheit unseres Schrittes verloren haben. Und doch war gerade die antike Kultur auf diesem Gebiet erfolgreich. Sie drang in den konzentrischen Zusammenhang der Dinge mit größerer Meisterschaft. Sie riss den Tableau der Urbeziehungen der Kräfte, die aus dem unendlich Großen in das Räumliche hinab streben, vor dem Auge ihrer Eingeweihten auf. Im Mittelpunkt ihrer geheimen Anschauungswelt nun leuchtete jene Sonne, die um Mitternacht aufging, gleichsam der Weltgeist, der alle Dinge mit seinem mystischen und astralen Urfeuer übergoss und sie in den Schmelzofen erster Gestaltungskraft tauchte. Aus diesem gingen sie der Phantasie in feurigen Urkreisen des Primordialen und Astralen auf.

Wir sind es gewohnt, unsere Erfahrungen aus sekundärer Hand, aus den kritischen Widerspiegelungen der Vernunft zu beziehen. Den schöpferischen Kreisen sind wir abgewendet, ja, wir haben sie mit Verdacht beladen. Im Grunde aber verloren wir den Aufschwung des Geistes, die Spannkraft des Willens, die sich dem höheren Objekt anschmiegt. Wir verstehen es nicht mehr, fühlsam dem inneren Willen nachzuspähen, der über allem Bedingten steht als das allein Unbedingte, der in sich selbst leuchtet durch alles Räumliche, der angeschaut wird im Objekt, aber in ihm sich auch selbst anschaut. Wir glauben nur noch an das Bedingte, an das Kausale, an das Sinnliche.

Die Mysteriologie war eine Philosophie des Unbedingten. In ihr rückt sich die schöpferische Kraft der Phantasie mit dem kritischen Vermögen des Intellekts in die Waage. Aus einem inneren Gleichgewichtszustand der Kräfte erblüht dem Menschen der Anblick der höheren und wirklichen Dinge in der Natur, welche die niederen einschließen. Diese höheren Objekte entwickeln sich in der Seele als die Elementar-Komplexe, als die Ideen, die allen Dingen im Sinne der esoterischen Philosophie der Alten zugrunde liegen. Wir kleben an der Sphäre des unendlich Kleinen. Wir bauen von unten unsere Welt auf. Wir sehen in den Atomen die Bausteine der Welt. Wir übersehen aber, dass es gleicherweise wie einen elementaren Aspekt des unendlich Kleinen, so auch einen Aspekt des unendlich Großen gibt. Nach zwei Seiten ist diese Welt unendlich und geht aus dem Transzendentalen hervor.

Die Alten konstruierten ihre Welt von oben herab. Ihre Bausteine lagen in den Himmelsräumen. In einem gewissen Entwicklungszustand erfasste sich die Seele aus diesem unendlich Großen herab geboren, in den Raum eingetreten, aus dem Protokosmischen und Überräumlichen in das Differenzierte, Materielle herabverdichtet. Wie durch einen unsichtbaren Faden galt ihnen die Seele an dies Erste und Überräumliche gekettet, und so entstanden in ihr als Heimatsträume die astralen Grund-Vorstellungen, die in den Mysterien gepflegt und durch psychologische Methoden geweckt und wach erhalten wurden. Darum reden auch die alten Schriftsteller von einem Geistigen Erwachen in den Mysterien. Die Seele wird sich ihrer Herabgeburt aus den atomistischen Räumen, aus den großen Kreisungsherden der kosmischen Ur-Energie bewusst. So erscheint nun um Mitternacht eine große strahlende Sonne, wie es bei Apulejus heißt.

„Die Sonne geht auf im Grabe des Gottes"

kommentiert der ägyptische Text der sogenannten Stunden-Gottheiten. Das materielle Weltall ist das Grab der Seele und auch das Grab Gottes. In ihm muss die Seele erwachen zum Anblick ihres eigenen Ursprungs. Alles geistige Erwachen ist ein Erwachen im Grabe, ein Auferstehen aus dem Tode. So verflochten sich in den alten Mysterien die Gebräuche, welche sich auf ein Auferstehen der Eingeweihten aus dem Tode beziehen: Das Mysterien-Erlebnis. Plato sagt im Phaedon:

„In die Mysterien lasse man sich deshalb einweihen, damit die Seele zu dem Stande gelange, aus welchem sie als aus dem Sitz ihrer Vollkommenheit (hervorgegangen und) gefallen."

Das Mysterien-Erlebnis ist also ein Zurückkehren der Seele in einen früheren Zustand. Und nun beginnt für das Ego ein ganz eigener Entwicklungsgang. Es steigt in die Hölle herab, in die Unterwelt, sieht sich selbst in zahllosen Gestalten. Es ist das Unterbewusstsein, das rege wird, der Wille, der sich in den endlosen Stufen seiner Objektivationen (im Sinne Schopenhauers) selbst zu erfassen beginnt. Das Ego hat ein verborgenes Gedächtnis (Kryptomnesie) dieser seiner Evolutions-Etappen. Es schüttet seinen verborgenen Schatz aus. Der ultraviolette Strahl der Ursonne, in die Seele eindringend, zieht alle die Reminiszenzen als die „membra animae" hervor. Diese Entwicklungsphasen, die das Ego durchlaufen hat und die ja auch phylogenetisch im Darwin-Häckel'schen Sinne dem Individuum eingeprägt wurden, sind keineswegs ausgelebt. Sie schwingen noch alle auf dem Grund der Seele und können wieder erwachen. Sie lauern als verborgene Dämonen ständig in der Brust. Jener Strahl aber der Weltseele, der den Mysten getroffen, zerrt sie hervor. Sie treten in den Sehkreis des Ego auf dem Tableau des Astralen, wie es heute mit anderen Worten auch die Verdrängungslehre der Psychologie in wissenschaftlich-medizinischer Hinsicht erklärt. Durch die erste Weihe, durch Gesänge, Anrufungen, Posen, die „deiknumena kai dromena" erkrankt die Seele wie an einer „seiriotischen Infektion" (Eratosthenes). In manchen Fällen waren es wohl die Nachwirkungen der ersten kultischen Feier, die in den Dionysos-Mysterien nicht selten mit Ausschweifungen verbunden waren. In gelinderen Fällen war es die durchwachte, mit ungewöhnlichen Zeremonien, monotonen Gebeten erfüllte Nacht, welche die Seele in einen sensitiven Zustand versetzte. Künstlich erregte Nerven-Spannungen ließen die „Seiriosis", das erste psychologische Phänomen, eintreten. Mit den Anrufungen wurden gewisse Posen, und als wichtigste Geste das „Anaktoron" verbunden. Anaktoron heißt Herrensitz. Der Myste nahm die Geste an wie ein Gebieter mit erhobener Hand und erhobenem Zeigefinger. So erscheint auch Jesus vor den Jüngern, da er den Wellen des astralen Meeres gebietet im „Schul", d. h. im Einweihungsraum. Wie noch heute der innere Raum der Kirche das „Schiff" genannt wird. In solcher Pose geschahen die Anrufungen, bis die monotonen Wallungen der Gebete die Seele mit bestimmten intelligiblen Rhythmen durchdrangen und erschütterten, bis sie ein bestimmtes psycho-energetisches Phänomen auslösten. Gewisse diskrete sensitive Zentren des Körpers wurden in erhöhte Schwingungen versetzt. Wir sprechen hier von den Tschakrams. Sie liegen vornehmlich in Händen, Füßen und Hüften. Im natürlichen Zustand regulieren sie den Blutdruck und die Bildung der Blutkörperchen. Sie dienen der Ansaugung bestimmter atmosphärischer Prinzipien, von denen die Komponenten des Blutdrucks abhängig sind. Quintscher beschreibt diese Saug- und Strahlungsflächen des Körpers ausführlicher in „Das Wesen der Magie“. Im Zustand erhöhter Aktion aber werden sie gleichsam zu seelischen Organen. Sie ziehen die undifferentierten Partikel der Edelgase (ultraviolettes Hydrogen usw.) an, und nun geschieht das Merkwürdige: Das Ego wird augenblicklich für die ultravioletten Ausstrahlungen der Materie empfänglich, so dass jene astrale Ur-Sonne (am Sirius) „im Grabe des Mysten“ sichtbar wird als Herd dieser höheren kosmischen Ausstrahlungen. Noch aber ist die Seele im Zustand ungewöhnlicher Excitation. Sie vermag die empfangenen Eindrücke noch nicht regulär zu verarbeiten. Sie ist wie betäubt. Die ungewöhnlichen Wallungen des Gemütes pertubieren sie. Sie fühlt den Impuls von Kräften, dem sie noch nicht standhält. Sie schaukelt auf dem Meer der elementaren Schwingungen wie in einem unruhigen Boot. Man denke an die Iritation der Jünger durch Jesus. Der Meister führt sie auf das Meer jener Kräfte, und erst als sie die „Herrenpose“, das „Anaktoron“ finden, als der innerlich erschaute Meister den Wellen gebietet, gehorchen ihnen die Kräfte der astralen Welt. Aber auch die Phantasie wird in heftige Mitleidenschaft gezogen. Der gestirnte Himmel erscheint zunächst im Mysterium wie in einem Fiebertraum. Eine Ekstase ergreift die Seele. Die Sterne zittern in tausend Gestalten. Denn durch die Initiation ist jenes seiriotische Gift in die Seele gedrungen - ein Gift, das erregt, das ausscheidet und heilt. Von diesem seiriotischen Funken werden wir noch weiterhin reden.

„Dreimal selig“, heißt es bei Sophokles, „sind jene Sterblichen, welche die Weihen geschaut, wenn sie zur Unterwelt hinabsteigen. Für sie allein ist Leben im Hades; für alle anderen aber ist Drangsal und Not.“

Der Myste war sich bewusst, dass sein Kampf mit den Gestalten jener Unterwelt nicht umsonst war. Er erschien ihm gleichsam als eine Anticipation des natürlichen Todes. Er fühlte die Abscheidung zweier Schwingungsarten, im Körper, welche durch die oben erwähnte Berührung mit dem ultravioletten Strahl der Gestirne und die dadurch bedingte Sensivität erfolgte, und er empfand die eine als materiell, die andere als substanziell, in sich seiend, in sich bewusst. Das Ego sah das Ende seiner Verwandlungen, seiner Einsenkung in die undifferenzierte Materie gekommen. Es kehrte dahin zurück, wo es kraft der Mysterien war. Es verwandelt sich nicht mehr, wenn es Eins geworden ist mit seinem Urquell, wenn es in das höhere Bewusstsein des Weltgeistes eingetaucht ist. Nur solange der Drang jenes Sonderseins währte, welcher der Entelechie auf den unteren Stufen ihrer Evolution innewohnt, durchlief es blind die Reihe seiner Verwandlungen, seine Objektivationen im Willen. Nun erkennt es seinen Lauf beendet. Es kehrt zurück, seine Individualität läuternd, aber nicht verlierend. Bis zum vierten Jahrhundert bestand ein großer Teil ur-christlicher Gebräuche als „Arkan-Disziplin“ fort. Auch die Taufe galt bis dahin als ein Mysterium und wurde zunächst nur an Erwachsenen vollzogen. Das Wasser aber, in das der Täufling getaucht wurde, war das himmlische Ur-Wasser, und die äußere Taufe war nur ein Sinnbild der Verbindung des Mysten mit jenem Elementar-Stoff. Auch unsere heutige Astronomie spricht in dem gleichen Sinne von einem feuchten Ur-Element unserer Atmosphäre, das sie geradezu die jungfräuliche (undifferenzierte) Ur-Materie des Universums nennt. In jenem Wurzel-Logos wurden wir uns seiner bewusst, denn diese Urmaterie durchpulst in rhythmischen Wellenzügen die Atmosphäre und selbst unsere Körper. Nun heißt aber hon on (on-on) die erste Silbe jenes Wurzel-Logos, hebräisch und aramäisch die „Wolke“ oder „Urfeuchte“ und „hwil“, die folgende Silbe (in honohvil, honover,) das „Zelt“ oder die „Hütte“, auf welche sich die „Wolke“ senkt, um den Uebermenschen zu gebären und bewusst zu machen.

# Das dreifache Licht

Mit welchem Aplomb hat sich nicht die Kirche von je der großen zu erwartenden Parodie Christi zugewendet. Sie hat einen Wall von theologischen Lehr-Meinungen geschaffen um dies Ereignis, und wir können sicher sein, die Festung fällt wie unter dem Ton einer neuen Posaune. Eines Tages weidet ein fröhlicher Bacchus-Knabe sein Lamm auf den Asphodelos-Wiesen des Diesseits. Dieser Bacchus-Knabe ist der Zeitgeist, der fröhliche, der was er weiß nicht aus dem theologischen Krämerladen bezieht, sondern aus dem Klang des Lebens, der von den Bienen des Hymettos ernährt wird. Denn ihm stehen die süßen Ströme der Erkenntnis offen, wo immer er mit fröhlichem Herzen nach ihnen verlangt. Das Leben hat ihn lieb, weil er das Leben liebt. Und er hat sich diesem Leben geopfert, darum ist er unsterblich geworden. Wie voll und stark muss aber der Ton des Lebens in ihm schwingen, wenn er so sicher geleitet von ihm die große Aufgabe erfüllt, wenn er in den Gärten der Lust so sicher geht wie in den steinigen Einöden der Meditation.

Wahrlich, ein Adlergefieder muss ihn decken, dass er nicht stürzt. Er muss getragen sein von den Flügeln der Gottheit, dass er auf dem schlüpfrigen Boden einer lüsternen Zeit und Kultur nicht niedersinkt. In ihm muss die Symphonie des Lebens voll erschallen, dass er sie nicht mit täuschenden Klängen untermischt. Er muss die Weise in seinem Busen tragen, die aller Schönheit Fülle und Ausmaß ist. Und weil er so auf den Ton der Schönheit und Wahrheit gestimmt ist, darum wird er getragen in dem Sinnesrausch der Zeit. Darum kann ihn das Hässliche nicht verletzen und ihm von seinen Kräften nichts nehmen.

„Und ich sah in derselben Nacht jemand kommen in des Himmels

Wolken mit dem Zeichen eines Menschensohns"

heißt die Stelle, auf welche sich die Verkündigung des Menschensohnes im neuen Testament stützt. Sie steht im Daniel (7, 13). Freilich sind die Worte an sich so gut wie nichtssagend. Wer aber erwacht ist zu dem Ton des vollen Lebens, der unsere Zeit wie eine Welle vom fernen Ufer durchpulst, der wird nach dem Ton hören, der in diesen Worten schwingt: K'ar-enos. „im Zeichen eines Menschensohns!"

Nur zeigt sich dieses Geheimnis nicht unmittelbar unseren Blicken und ebensowenig unserem Gehör. Man ist durch die Jahrtausende an ihm vorübergegangen. Erst die Sinnesfülle unserer Zeit kann den Klang, der hier gebunden ist, zu vollem Leben erstehen lassen. So wie er in uns erwacht, ist er das Leben selbst. Das ist sein Geheimnis. Und er ist das Leben des Logos in uns. Die Natur erwacht in einer großen, einheitlichen, fast könnten wir sagen monistischen, sie durchwogenden Welle. Mit dieser Welle nährt sie die Schwingungen unserer Zellen und macht die Plastidule, d. h. die Elementar-Schwingung derselben frei. Das Leben in uns gebiert sich selbst aus dem einen Ton, dem Grundton kölnischer Symphonie. Das ist das Geheimnis des Jüngsten Tages. Ein Dreiklang erweckt sich, das ist das dreifache Licht. Wir kehren zum vollen Leben zurück, nachdem wir zwei christliche Jahrtausende nach dem Becher desselben gedarbt. Und das ist der Zeitgeist, dass wir diesen Becher ergreifen und die Hand derer, die verdorrt sind am hellen Klang des Lebens, von uns weisen!

Die, welche sich berufen fühlen, das Sepulcrum Domini zu hüten, sie werden sich überrascht sehen von den Fluten des goldenen Lichtes, die herniederbrechen aus jener Wolke, in welcher das Klang-Geheimnis des neuen Lebens ruht.

# Die Astralen Elemente des Urchristentums

Obwohl uns Tertullian berichtet, dass man die Christen von jeher eines Astralkultus zieh, wissen wir von diesem Kultus aus direkter Quelle so gut wie nichts. Die Literatur des Altertums ist uns durch die redaktionelle Hand eines orthodoxen Mönchtums zugeflossen. Was ihr entglitt, redet jedoch um so deutlicher. Die arabischen Schriftsteller hielten das Christentum offenbar für eine ausgesprochene Astral-Religion. Sie zeigen uns noch die Bahre des Lazarus am Himmel, Maria und Martha, das Schifflein Petri, den Stern Issa, von den Christen „Jesus" genannt und dergleichen mehr (Albumazar, vergleiche Ideler, Sternnamen). Aber all diese Hinweise verschwinden vor der einen Tatsache, dass das Christentum den ethisch abgeklärtesten Aufriss eines Astralsystems bietet, das an innerer Vollendung alle heidnischen weit hinter sich lässt, an Ursprünglichkeit und Tiefe dem ägyptischen aber am nächsten steht. Von letzterem wissen wir verhältnismäßig am meisten.

Die Bilderschrift der Ägypter ist eine kosmologische. Ihre Texte erschließen sich, obwohl in der Form äußerer Abfassung nüchtern und ohne jeden okkulten Beigeschmack, im mantischen Sinne verhältnismäßig schwer. Wer aber heute den esoterischen Charakter ihrer sakralen Literatur leugnen wollte beweist, dass er diesem in religiöser Hinsicht hochverdienten Volk des Altertums trotz alles philologischen Scharfsinns von Grund aus fernsteht. Die Ägypter übten nicht nur eine außerordentliche Zurückhaltung in der Mitteilung ihrer wissenschaftlichen wie religiösen Grundlehren, sie waren auch Meister des Stils in der kunstvollen Behandlung der mystischen und mythischen Materie. Man liest in ihrer Schriftweise das Exempel irgendeines astralen Vorganges, ohne im leisesten erinnert zu werden, dass dieselbe Darstellung zugleich in der exoterisch-dogmatischen Hülle einen astralpsychologischen Kern trägt. Bewertet man die Schriftzeichen in solchem psychographischen Sinne, so zeigt der Text gleichzeitig seinen Ursprung im mythischen Weltengrund an.

Für die in den großen Religionssystemen der Antike ausgeprägte Weltanschauung waren Natur- und Geisteswissenschaft nicht in dem Maße differenziert wie bei uns. Sie entsprangen einer gemeinsamen Wurzel. Der Geist unter höchstem kosmischen Aspekt, gleichsam als objektiver Geist wie in der Hegel'schen Philosophie, war der Reflektor des inneren Zusammenhangs aller Dinge der Natur - im Universum wie im kleinsten Ausschnitt des allgemeinen Lebens. Er war gleichsam die aus der großen Synthese des Alls wie aus einem ungeheuren materiellen Leib heraus sickernde innere cytoplastische- oder Samen-Substanz, die in der äußeren Optik alles miteinander verknüpfte, weil innerlich alles zusammengehörte. Damit ein stofflicher Same wird, muss ein Organismus sich betätigen und wirken. Dieser Organismus ist das primordiale All. In ihn reflektierte sich der Geist als innerste und rationale Energiesumme: als Astrallicht.

Das Astrallicht als leuchtendes Band des Kosmos hieß Gott, theós, dyaus, der geistige Same des Alls, der im Hirn des Menschen dynamisch wirkt und schwingt, alle Fäden der Kausalität knüpft, wohin immer das geistige Auge dringt und die Kausalität ewig tätig zu erhöhen trachtet, den inneren Glanz der Schöpfung mehrt und zu immer höheren schöpferischen Ergüssen hinan steigen lässt. Der Mensch ist im Bündnis der allgemeinen Kausalität gefangen und von ihr nach höherer Ordnung abhängig. Zwar wirkt und lebt in ihm die Weltseele, aber sie deponierte schon durch einen unendlichen Kreis von kosmischen Evolutionen ihre Samenenergie in menschliche Gehirn und schuf also schon Ordnungen der Geister, denen sich die in der auflösbaren Kategorie der Zeit gefangenen Intelligenzen unterzuordnen haben.

Das geschaffene Geistmaterial rückt als der Goldschatz des Himmels in das Zeitlose, das Absolute. Hier thront es, nur den höheren Intelligenzen zugänglich. Denen, welche die Einkerkerung in den tierischen Verstand überwanden, welche sich läuterten an der Schwelle des in ewiger Herrlichkeit prangenden astralen Gottesreiches. Die ägyptische Religion hat wie keine andere ein himmlisches, ja absolutes Leben auf Erden gestiftet. Ihre religiöse Verfassung schuf einen Gottesstaat, in dem ein ewiger König Osiris regierte, und sie schuf ein erstes und vollkommenes Königtum, weil sich in jedem Eingeweihten dieses Gottesstaates der König (Osiris) vollkommen spiegelte und gleichsam reinkarniert wiederfand. Solche Reinkarnation des Königs war nicht, wie ein hochmütiges Gelehrtentum heute präjudizieren mag, die phantastische Paraphrase eines gesunden Staatslebens, sondern der innere Lebensstock dieser über alle Glaubenskulte des Altertums dominierenden Esot-Religion. Hat doch nach Ueberlieferungen des Judentums Jesus seine „magischen Kenntnisse" aus dem Ägypten dieser Esot-Religion bezogen. Wenn sich Ägypten so nach außen gegen alle Völker abschloss und am politischen Leben des Altertums anscheinend nur geringen Anteil nahm, so erfüllte es damit vielleicht um so besser eine größere Kultur-Aufgabe. Es streute den Samen seines religiösen Lebens in alle die größten Geister der Antike, von Moses über Pythagoras und Plato bis Christus. Engherziger philologischer Krämergeist wird den Schatz ägyptischer Weisheit, an den Goethe noch mit Recht glaubte, nicht so bald plündern. Der Zugang zu ihm ist äußerst schwierig und fordert mehr Mut, Selbst-Überwindung und Glauben, als das Buchstaben-Reptil materialistischer Wissenschaft heute mitbringt.

# Der Weg der Auferstehung

Die Wiedergeburt des initiierten Ägypters ist wie die Auferstehung Jesu ein real-esoterischer Akt, der seine Vorbedingung in der Entwicklung des im ersten Kapitel geschilderten Organs, des Uz-hver oder geistigen Auges (indisch Buddhi) hat. Dieses wird beim Schüler mit allen Mitteln esoterischer Wissenschaft zur Entfaltung gebracht, bis er die Klarheit im Sehen erlangt, durch welche die Gewissheit der Auferstehung aus dem Tode eine unumstößliche wird. Wer also dies Organ entwickelt hatte, war auferstanden, war aus dem Tode zurückgekehrt, hatte den Staub verlassen wie der Phönix die Asche, angezogen von der neuen Lebensflamme. Er wusste es und erkannte sich als real neu eingekörperter Mensch, kannte sein Vorleben, soweit es im Unterbewusstsein des geistigen Menschen haftet und Bedeutung besitzt. An spiritistische Seanzen und ihre Enthüllungen ist hierbei nicht zu denken. Die Astral-Larve ist nicht identisch mit dem wiedergeborenen Geistesmenschen. Die Wiederkunft des Letzteren aber setzt voraus, dass derselbe bereits im Vorleben eine gewisse Entwicklung erreicht hatte, dass er, um im Bild zu sprechen, schon Samenkörner abgeworfen hatte, die ins ewige Leben wuchsen (Ev. Joh. 4, 36). Mit dem späteren Leben erntete er also die Frucht des früheren.

Der Geistesmensch vermag mit seinen Gedanken zu bauen an dem, was er zukünftig wird. Den Ägyptern aber war dieser Geistesmensch nicht wie den heutigen Theosophen sieben-, sondern neunfältig. Er bildete eine „Pauti" oder Neunheit von Körpern und Kräften.

„Da ist kein Glied in mir ohne einen Gott."

heißt es im 9. Kapitel des Totenbuchs. Die Götter wohnten im Leibe des einen Gottes, nämlich des initiierten Menschen: des Osiris Wennofer. Jeder Gott besaß sein eigenes Zentrum (ägyptisch Tep, indisch Tschakram), gleichsam seinen Sitz im Menschen selbst. Und nun schildert uns das Totenbuch vom ersten Kapitel an, wie die Götter im Inneren des Wiedergeborenen erwachen, wie sie die einzelnen Glieder freigeben nach ihrer Prüfung, so dass der ganze Mensch, das Abbild der neunfachen Urgottheit, auferstehen konnte. Diese Prüfung musste sich also der Initiierte gefallen lassen. Sagt David im Psalm von Jahve: „Du prüfest meine Nieren des Nachts", so mochte dies der Ägypter von allen Organen behaupten, wobei jedes von einer eigenen intelligiblen Kraft durchdrungen und beherrscht war.

Nach solcher Prüfung erhielt nun, wie uns das zehnte Kapitel des Totenbuchs lehrt, der Myste seinen Mund wieder, wie uns das fünfte Kapitel lehrt seine Hand, und wie uns das 26te lehrt sein Herz, etc. Jedes Glied war versiegelt durch den Namen des Gottes, der in ihm thronte. Wurde dieser Name so angerufen, dass er als Ton in das betreffende Glied drang und es entsiegelte, so war es ein Zeichen, dass der Gott das Glied freigab und den betreffenden Körperteil zur Auferstehung brachte.

So kommen wir nun zu den Intonationen der verschiedenen Glieder durch geheimnisvolle Namen und zu dem tieferen Sinn dieses Rituals. Der Mensch war die Verkörperung eines neunfachen Ur-Logos, genau wie es das Johannes-Evangelium andeutet: „Und das Wort ward Fleisch!" Jedes Organ des Körpers wird entsiegelt durch den geistigen Ton, der in dasselbe dringt und es aufschließt. Es wird spiritualisiert, in ein geistiges Organ des neuen Menschen umgewandelt. Es verändert seine Substanz, wird zu einem Glied des „pneumatischen Leibes" wie bei Paulus, wo es bisher nur ein Organ des fleischlichen Organismus war. Dabei hat jedes Glied seinen bestimmten Ton, der nicht zufällig, sondern gesetzlich ist und genau dem Aufbau des „pneumatischen Gesamt-Organismus" entspricht. Dieser Leib nämlich zerfällt in „Ton-Provinzen“, denen ein Hüter oder Gott vorsteht. Jede dieser Provinzen nun muss der Initiierte erobern, wobei er den Genius der Materialität Set (Sut) aus allen zu vertreiben sucht. Denn eine nach der anderen nimmt letzterer in Besitz und flüchtet in diesselbe, aber mit Hilfe der Horus und Thoth, der Osiris-Söhne, wird er aus allen vertrieben. Ist bei diesem oft durch viele Jahre sich hinziehenden Kampf der Sieg des Mysten entschieden, so ist er im Besitz des neuen unsterblichen Leibes („Substanz-Leibes“ bei den Christen). Der Kampf und Fortschritt des Mysten aber bei der Eroberung der einzelnen „Siddi-Provinzen“ zerfällt in gewisse Stationen. Die erste Station heißt im Totenbuch (Kapitel 1): H're-stau. Sie ist deutlich als Provinz oder Land bezeichnet. Der Name, der auch umgekehrt gelesen werden kann als „usta-ra“, entsiegelt nach dem Inhalt des ersten Kapitels die Hand. Der Myste (respektive Tote) erhält hier seine Hand wieder.

Zum Zweck der praktischen Ermittlung dieser Logos-Energie in den spirituellen Hand-Zentren werden erst die Hände in seitlicher waagrechter Haltung ausgestreckt und der Ton A...âr mit Konzentration auf die inneren Handflächen (Pulpae) gesprochen, bis ein leichter Druck und ein Ansaugen während der Ton-Empfindung in ihnen wahrnehmbar wird. Wir nennen sie die Aaren-Pose, weil in den Mysterien der Flug des Adlers (Aar oder Falke) so nachgeahmt wurde. Die Ägypter bezeichnen das lang nachhallende ae ebenfalls mit der Hyroglyphe des Adlers. Alsdann spreche man die zweite Silbe „stau“ (scharf und fest) in der gleichen Pose, wobei das Druckgefühl in den inneren Mittelhänden wiederkehrt. Die Übung ist auch sitzend auszuführen. Die Wahrnehmung wird hierbei oft noch deutlicher. Sodann bewegt man die Arme ausgestreckt im Bogen herum und übe in jeglicher Stellung die beiden Silben. Ist auch diese Wahrnehmung deutlich, so bringe man sitzend sowohl wie stehend Arme und Füße in die gleiche koinzidierende Achsenrichtung zur Körper-Ebene, worauf dasselbe Schlüsselwort (Ar-stau, Aro-stau) auch in den Füßen gleichzeitig mit den Händen tönend erscheint. Durch diese einleitenden Intonationen der Hände und Füße ist noch keine geistige Kraft geweckt. Wir würden fehlgehen, diesen bloßen Tonübungen zu große Bedeutung zuzumessen. Ob hinter den erregten Schwingungen geistige Kräfte stehen, muss erst die Meditation ermitteln. Diese enthält nun das erste Kapitel des Totenbuchs, wie wir im Folgenden erfahren.

## Die Verwandlungen der Seele nach dem Tode

Die erste Station - der Chrestos.
Der Planet Erde ist eine Denkzelle Gottes. Der materielle Leib dieses Planeten ist durchzogen von dem Stroma dieser Denkzelle. Sie nennt der Ägypter „Nut“, den Urlicht-Ozean, von dem bereits vorhin die Rede war. In ihm arbeitet und wirkt das Bewusstsein Gottes. Alle Dinge ruhen so in Gott (Ra), sind von den ewigen Strahlen durchdrungen. Ra schaut überall hin, er weiß alles. Er durchdringt den Urlicht-Ozean mit seinen geistigen Wellen, Alles schwimmt in einem kristallenen Meer wie in dem Glaskörper des göttlichen Auges (Uz-her), und doch ist es nur ein huschender Schatten in ihm, wie das Bild, das durch den Glaskörper unseres Auges fällt. Das Auge des Ra imaginiert alles, was da ist, und alles hat seine Existenz nur in dieser Imagination. Wenn der Gott es nicht mehr denkt, so löst es sich auf in die Bausteine des Denkens und zerfällt. Diese zu kennen ist darum für den Weisen von großem Wert, denn aus ihnen erbaut sich die Schöpfung. Nur die ewigen Ideen dort oben, die Hieroglyphen des Gestirn-Lichtes, sind beständig. Raum und Zeit erschließen sich vor dem andächtigen Geist, der sich in die Geheimnisse dieses Lichtes versenkt. Statt des Raumes schimmern die Gedanken Gottes dort oben. Der Weltgeist brütet auf den Ur-Wassern

des Astrallichtes, und die ewigen Ideen steigen vor dem inneren Auge (Uz-hver) auf. Da sind die Tiere ewige Weisheits-Symbole der Schöpfung. Dem Ägypter waren sie besonders heilig; denn sie verkörpern ihm das Hinabsteigen der Gottesseele in den Stoff, das Sich-Opfern des göttlichen Geistes, das Sich-Einkerkern in die an den Stoff gebundenen, in ihm wirkenden Instinkte. Diese bauen an dem göttlichen Werk der Schöpfung und tragen zur kosmischen Harmonie als notwendige Glieder, als Brücken, die von oben herabführen, bei. Denn auch der Stoff, die Materie, ist nur eine lebendige Imagination Gottes, in welcher sich der göttliche Geist begrenzt hat, indem er seine Fülle (das „Plerom") opferte und sich in einen beschränkten Wirkungskreis gab. Das 83. Kapitel des Totenbuchs beschreibt diesen Zustand des Mysten, in dem sein Leib in lauter rotierende dynamische Kreise (bei den heutigen Theosophen „Ätherleib" genannt) aufgelöst ist.

Die Schöpfung ist ein fortschreitendes Opfer. Daher stammt die Bedeutung des Opfer-Rituals bei den Ägyptern. In den Tieren opfert sich Gott; so opfert der Mensch, der dies anerkennt, die Tiere der Gottheit. Er erlöst den Stoff. Aller Stoff ist kristallisierter Geist, das Grab der Gottheit, in dem letztere ruht, um täglich unter dem Auge des Wissenden („Sahu") auferstehen zu können. Totenbuch, Kapitel 83:

> „Lass mich wogen in wallenden Wirbeln, lass mich schwingen in kreisender Schwebung, und lass mich aufgehn in der Mitte der Wellen gleich dem Lotos, der da ist verborgen im Innern!
> Ich bin der Ursprung aller Götter.
> Ich bin das Licht, welches die Welt erleuchtet, angetan mit einem leuchtenden Kleide!
> Ich bin der Gott streitend wider den Ungöttlichen durch die Macht des Wortes (Logos, Thot) ...!
> Ich bin der Gott, welcher niederringt alle seine Feinde, und Ich erscheine zu meiner Zeit als Führer der Auferstehenden."

„Ich-Bin" ist hier stets eine Formel, in der sich der Myste als teilhaftig des göttlichen Strahles erfassen soll. Um den Stoff und das Leben in ihm zu erlösen, müssen die tierischen Instinkte nicht getötet, sondern verwandelt werden.

Schwer rächt sich die Verachtung des materiellen Instinktes, der den Ägyptern symbolisiert war durch die Tiere, in jeder Form. Die Seele verdirbt, wenn das die Atome bindende Band sich lockert. Die Ägypter dachten hier materiell, in ihrem Tier-Kultus oft zu materiell, so dass sie von den Römern verspottet wurden. Aber ihrem Materialismus lag ein tiefer Wahrheitsgehalt zugrunde. Der Mensch, der nach ihnen das natürliche Leben Gott opfert, symbolisch im Tieropfer, erhält das geistige und ewige Leben. Dasselbe lehrte der gekreuzigte Christus der Menschheit. Denn der hier am Kreuz hängt ist der Sonnengott selber, der da sagt: „Ich bin das Licht der Welt." Im Opfer führt der Weg hinab in. den Stoff, im Opfer wieder hinauf in das ewige Licht. Daraus ergab sich die Ethik der Mysterien. Das Leben selbst zu einem lebendigen Opfer vor dem Lichtgott (Ra) machen hieß nicht, die natürlichen Leidenschaften abtöten, sondern den tieferen Sinn derselben finden und aufdecken unter dem einfallenden Strahl (dem höheren Ich) des Ra. Dieser höhere Strahl ruft eine Gärung in dem natürlichen Leib hervor, die gefördert wird durch die kathartischen Weihen oder Reinigungen. Unter dem Zügel des geistigen Ich wird das Feuer der Leidenschaften zu einem schöpferischen, temperamentischen Feuer.

Hier zeigt sich die Bestimmung des Initiierten. Er soll ganz Künstler, ganz Gestalter werden, nirgends Sklave oder blinder Gefolgsmann vor dem Willen zum Leben. Er soll das Leben gestalten, denn nur so wie er es gestaltet, baut er es im nächsten Leben wieder auf. Hier nun erscheint der eigentliche Sinn der Totenbuch-Gesänge. Sie sind tief künstlerische Ergüsse, Zeugnisse innerer hoher Gestaltungskraft des Geistes im Rahmen jener alten esoterischen Wissenschaft. Der Mensch, der an sich zum Künstler, zum Gestalter wird, erlöst sich selbst, ganz im Nietz'schen

Sinne. Er geht ein in das Paradies des höheren Lebens. Das wussten die Verfasser des Totenbuchs. Sie geben durch ihre Zeilen Zeugnis von der Selbst-Erlösung. Sie waren „eingegangen".

Äußerlich betrachtet mögen diese Texte heute mangelhaft erscheinen. Vielleicht aber nur deshalb, weil noch kein wissenschaftlicher Weg gefunden ist, sie völlig sinngemäß zu übertragen. Innerlich betrachtet stehen sie zum Teil selbst den christlichen Evangelien nicht nach. Sie sind aus der gleichen Quelle geschöpft, aus dem lebendigen esoterischen Erfassen der Gottheit. Und die Esoterik des Totenbuchs ist monotheistisch wie die christliche. Nur tragen diese Texte einen zu ausgeprägt mythisch-arkanen Charakter, um leicht verständlich zu sein. Sie fordern ein Eindringen in die Praxis der Mysterien. Sie sind nicht wie die christlichen Evangelien zugleich esoterischen und exoterischen Charakters. Das erste Kapitel des Totenbuchs beschreibt uns, wie der „Tote" (Chu, der Leuchtende) der in die erste Station nach dem Tode tritt, ein „Chresta-o", ein Chrestos – wie die späteren ägyptischen Gnostiker lehrten - wird. Als dieser Chrestos, der den älteren in der gnostischen Literatur nachweislichen Namentypus des Christus trägt, erhält der „Tote" nach dem ersten Kapitel „im Jenseits" die Hände wieder, ganz wie der Chrestos-Christus, welcher spricht (Ev. Luk. 23, 46): „Vater, ich befehle meinen Geist in deine Hände!" Diese letzten Worte des Christus am Kreuz decken sich also ganz mit den esoterischen Anschauungen des Totenbuchs. Nach diesen strömt der bei Gott versiegelte Name Chrestos (Chre-uste - Wunsch-Mächtiger; jemand, der die Kraft des schöpferischen Wunsches erlangt hat) in der Wiedergeburt von neuem in die Hände des Mysten ein. Nun ist aber der Name Chrestos (Chre-uste) ein Ton und kein Name im üblichen Sinne des Wortes. Ein Ton, der unter dem geistigen Atemzug (dem Pneuma der Urchristen) die Hand ergreift. Hier zeigt sich uns ein Mysterium, das im dogmatischen Christentum völlig erloschen ist, und das nur in der Seele der christlichen Künstler als das Motiv der Verkündigung, s. Abbildung unten, fort existiert.

Der Verkündigungsengel, hier nach Leonardo dargestellt, zeigt uns das Strömen jenes Tones (Chrestos-Christos) in die Hand an, so dass der innere Mensch aufmerkt, wach wird unter der Empfängnis des Logos-Strahles. Diesen Zustand beschreibt das erste Kapitel des Totenbuchs. Der Myste erwacht unter der neuen Lebens-Welle, die ihn erreicht. Sie ergreift ein gewisses Zentrum (ägypt. Tep) seines Körpers und versetzt es in oszillierende Tätigkeit. Diesees Zentrum nennt der Christ das Hand-Stigma, der Inder das Hand-Tschakram. Organisch liegt es in der Epiphyse des Mittelfinger-Knochens, und ihm entsprechen physiologisch zunächst nur die feinen Rillen in dem Epithel der Mittelfingerspitzen, die bekanntlich bei allen Menschen ganz individuell charakterisiert sind. Die senkrechte M-Welle (Tongitterstrahl) der Atmosphäre saugt sich hier in die Kapillarröhren (Haar-Röhren) der Knochen-Materie ein. Sie trifft zunächst den kristallinischen, lichtbrechenden Kern der Knochen-Zelle, der die Energie des M-Strahls absorbiert und in eine neue Form von Energie umsetzt. Diese vitale Energie hat intelligible Werte, die zu den Schwingungen der Buchstaben in Beziehung stehen. Man könnte sie deshalb in Untergruppen M-Wellen, R-Wellen und S-Wellen unterscheiden. Auf die Beobachtung ihrer Schwingungsart gründet sich die Praxis der Totenbuch-Mysterien. Denn nun zeigt sich, dass diese Wellen bewusst zur Wahrnehmung gebracht, einen außerordentlichen Einfluss auf das Gedankenleben entwickeln. Sie beweisen, dass sie letzteres völlig umzuwandeln imstande sind. „Chre-ustao“ (Chrestos) ist so ein Mysterien-Name, der zwei Schwingungsarten vereinigt, wie auch die hieroglyphische Schreibung erkennen lässt:

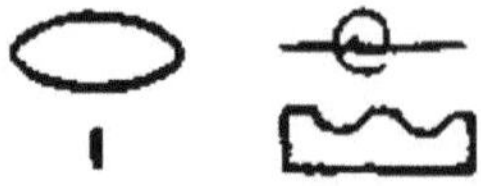

Hre-stao - Die erste Station nach dem Tode

Es stellt die Verbindung zweier Wellenarten dar, die im Mysten in den Zustand der Waage oder des Gleichgewichts treten. „R" (chre) symbolisiert stets das feurig-bewegte, „st" (stao) das kristallisierende, erstarrende Prinzip, wie die spätere ägyptische Astrologie durch die Prinzipien des Mars (Ares, Ton „R") als des feurigen Bewegers und Saturn (Ton „Sat", „st") als der zur Erstarrung bringenden (intellektuellen) Kälte lehrte. Ares ist hier zugleich das Prinzip der Leidenschaft, Saturn das des Intellekts. Und wenn Schopenhauer behauptet, dass im Genie Leidenschaft und Intellekt sich die Waage halten, so ist damit ebenso angezeigt, was der mystische Name „Hre-ustao" oder „Chrestos" eigentlich bedeutet. Es beweist, dass der Myste, der die erste Station in der Wiedergeburt erreichen will, einen Funken des göttlichen Genius, des erlösenden Christus, erfasst haben muss. In ihm müssen Leidenschaft und Intellekt aus dem Zustand feindseligen Widerspruchs in den der Waage oder des Gleichgewichtes übergetreten sein. Das Feuer (Leidenschaft) wie die Kälte (Intellekt) sind in ein schöpferisches Spannungsverhältnis tretend die Pole einer neuen Wesensart geworden. Nun kann jenes mystische Wort „Chre-uste" nach der Eigenart der hieroglyphischen Schreibung und ebenso dem Sinn entsprechend auch „Esta-ro" gelesen werden, denn die erste Hieroglyphe obiger Abbildung - "des Mundes" - bezeichnet als Ideogramm zugleich einen geistigen Bezirk, ein Kapitel, ein Zentrum. Dieselbe erste Station der Wiedergeburt heißt im Zend-Avesta „Uste" und „Usta-vaiti" und bei den Angelsachsen „Eostar", altg. „Ostara". Esoterisch bedeuten alle diese Namen dasselbe, immer ein erlangtes Gleichgewicht der Seele, das nun ein ganz neues Schauen öffnet. Bei den alten Deutschen ist es das „Osterlicht", das dies erlangte geistige Schauen zum Ausdruck bringt. Das Osterlicht ist das sich verjüngende Licht, in das die Seele nach dem Tode tritt. Ursprünglich war es wie die „Usta-vaiti" der Parsen ein Licht-Strom am Himmel, der real geschaut wurde, eben jenes M-Licht, von dem oben die Rede war, das sich in drei Haupt-Gruppen von Strahlen (M-Wellen, R-Wellen, S-Wellen) zerlegt.

Dieses M-Licht, das ultraviolette Urlicht unserer Astronomen, hat einen großen zentralen Herd im Zeichen des Schwans, von wo aus es sich in zwei Arten von Schwingungen in unserm Kosmos verbreitet. Die eine Schwingungsart ist dunkel. Der Astronom Kaptein betrachtet sie als ein lichtverschluckendes Urmedium von ultravioletter Schwingungsart. Die andere Strahlenart ist hell. Einen Strom jener dunklen Urmaterie gewahrt das Auge in den Neumondnächten besonders zur Zeit der Sommer-Sonnenwende vom Zeichen des Schwans und des angrenzenden Kepheus mit seinem „schwarzen Tunnel" in das Zeichen des Pegasus und Wassermann ausfließend.

Es ist die „Usta-vaiti", das Wunsch-Licht der Parsen, die „Eostar" der Angelsachsen, die „Ostara" der heidnischen Deutschen und die Station „Chre-uste" (Osta-ro) des Totenbuchs. Hier wird der Myste in das Ur-wasser getaucht. Mit diesem Urwasser „füllt er die Hand", indem er unter dem Aussprechen der esoterischen Formel und Meditation derselben: Re-stao - Osta-Ro (langsam sprechen) die Hand dem dunklen Ur-Licht im gestirnten Himmel entgegenstreckt. Und nun geschieht das psychologisch Merkwürdige: die Hand füllt sich mit der Substanz dieses Logos. Sie beginnt unter einem spezifischen Ton zu vibrieren.

Der geistige Laut haftet in ihr. Wir haben denselben Vorgang, den wir bereits andeuteten. Der ägyptische Text sagt:

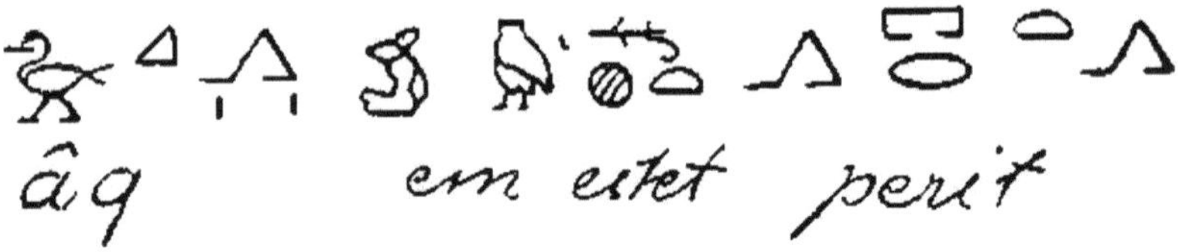

„Ich trete ein, folgend dem Strahl" (Totenbuch Kapitel 1)

Dieser Strahl wird ausgehend gedacht von dem in der Verwandlung begriffenen Gott (Osiris). Das Samenkorn von oben, der Funke aus dem dunklen Urlicht der Logoswelt, kann nur dadurch vom Körper absorbiert werden, dass er diesen in Erde (vergl. Hebr. Adamah, Fruchterde, davon Adam, der aus der Erde gewordene Mensch) verwandelt, die das Samenkorn heraufernährt. Der natürliche Leib also zerfällt zur Erde, er löst sich in seiner Sonder-Existenz auf, er verwest, während der Logosstrahl sich in den Körper einlässt auf dem Wege, den wir oben beschrieben. Unter der Wirkung dieses Strahls, bedingt durch den sie begleitenden Umwandlungszustand, beginnt der Körper zu leuchten infolge der Oxydation des im Eiweiß wie in der Knochenzelle befindlichen, chemischpotenzierten Phosphors. Jedenfalls scheint, wie neuere Versuche mit dem Barium-Cyanür-Schirm ergeben haben, die Tätigkeit der M-Wellen zu den phosphorhaltigen Knochen-Zellen, wahrscheinlich zu den Phosphor-Halogenen des Zellkerns (Phosphor-Jodid-Chlorid und Bromid) in enger Verbindung zu stehen. Auch würde damit die gleichlaufende gesteigerte Funktion der jod-liefernden inneren Sekretions-Drüsen (Schilddrüse, Nebennieren) begreiflich sein, insbesondere der Hypophyse oder Zirbel. Gelangt jene Strahlenmaterie („Eostar-Licht", „M-Licht") also in den Körper, so ruft sie, osmotisch in die Zellkerne eindringend und von ihnen absorbiert, gewisse Veränderungen in dem molekularen Gefüge der Zellen selbst hervor, so dass letztere leitend werden für zentrale Vibrationen des Sensoriums. Die Zellen erscheinen so gleichsam spiritualisiert, weil die Vibrationen, die sie leiten, geistiger Natur sind und Töne darstellen im Sensorium des

Großhirns. Dass diese Töne aber letzthin aufbauende Energien des M-Strahls bedeuten, also Funktionen einer höheren Materie, die unmittelbar dem kosmischen Logos unterstellt ist, bedingt die außerordentliche Wirkung, welche diese Tet-Formeln des ägyptischen Mysteriums, die Mantrams der Inder, besitzen. Wenn Jesus zu einem Taubstummen sagt: „Hephatah" oder vielmehr „Ha-phtach" (Hephatah ist präzisiertes Aramäisch. Das Wort „Öffne dich" heißt im Aramäischen „haphtach."), so ist dies ausgesprochene Wort eine Kraft von bestimmter Synthese des M-Strahls. Die Worte unserer Sprache können zu mantrischen Potenzen (ägyptisch „Tetu") erhoben werden und üben dann eine ganz neue Kraft aus, von der wir in der Suggestions-Lehre nur eben eine leise Ahnung bekommen.

Zum Glück galt diese Welt der Tetu dem sinnlich-gebundenen vulgären Denken mit harten Riegeln verschlossen. Sie zu öffnen war nur dem „Chre-uste" (Chrestos), wie wir oben zeigten, möglich, der das Feuer der Leidenschaften in ein schöpferisches Temperament umgewandelt hatte, den also ein niederes Feuer nicht mehr beherrschte. Der Zustand der Hypnose darf aber hier mit dem der schöpferischen Imagination nicht verwechselt werden. Durch letztere öffnen wir uns den Zutritt in die geistige Überwelt. Und nirgends besser als im Totenbuch finden wir den Entwurf zu einer großzügigen Wissenschaft dieser ewigen Welt des Logos. Von der ersten Station, die wir hier betreten haben, führt der Sesta-Pfad, der Pfad der Einweihung, von Stufe zu Stufe hinauf in das Lichtreich, „bis zum Thron des großen Gottes", bis zum absoluten Ich selbst! Erwacht das Bewusstsein des Logos (Dudti, Thoth) im Menschen, so hört die Täuschung des Sonderseins auf. Der Mensch wird gotthaft, eine geistige Individualität, und das Trugbild des materialistischen Individuums endet. Von Stufe zu Stufe fallen die Fesseln des vergänglichen Wesens von ihm, und wenn er das Schiff des Ra bestiegen hat und Steuermann des Sonnen-Gottes geworden ist, so hat seine Herrlichkeit kein Ende, denn er weiß um die Dinge im Himmel und auf

Erden, und niemand, selbst die Götter nicht, können ihm rauben, was dies „Schuf" birgt - das Geheimnis eines ewigen Daseins.

## Das Auge des Chrestos

Dem initiierten Ägypter lag das Jenseits mitten im Diesseits. Es war eine Insel des Glücks mitten im brandenden Ozean der Gegenwart. Es war der Verfassungszustand einer gereiften Seele. Sie lebte hier ein Leben der Wiedergeburt, das im Grunde jeder Geistesmensch schon führt, denn des Geistes Wesen ist unendlich, und so auch notwendig das Leben des Geistesmenschen ein Leben der Wiedergeburt. Aber hier gab es Siegel und Stigmata der Wiedergeburt, unumstößliche Beweise für die Wiederkehr des geistigen Atemzuges. Streng wurden diese gehütet, um nicht dem Schmutz des Profanen preisgegeben zu werden. So gelten hier die Worte Schillers:

„dass die Welt es liebt, das Strahlende zu schwärzen und das Erhabene in den Staub zu ziehen"

Freilich - das Totenbuch konnte auch der Profane lesen, denn die hieratische und hieroglyphische Schrift war keineswegs eine Geheimschrift. Aber den verborgenen Sinn des Dargestellten vermochte nur der Eingeweihte zu fassen. Es gehört viel philologische Blasiertheit dazu, zu meinen, mit der rein kritischen Austüftelung des Textes den Inhalt desselben irgendwie erschöpfend wiedergegeben zu haben. Dieser bleibt bei aller Schärfe intellektueller Fassungskraft an sich dunkel und wird erst erhellt durch die Forschung, die das Totenbuch selbst eingeführt wissen will, wenn es sagt (Kapitel 137):

„Laßt uns anzünden das Licht für die Nacht, welche folgt dem Tag!"
(„Was ist das?")
„Das ist das Horus-Auge (der geistige Sinn, Buddhi), welches aufgeht über deinem Leib, welches leuchtet über dich und scheinet über deinen Brauen, so dass sie sich erheben. Welches dich hütet und bewacht und zu Boden wirft alle deine Feinde."

Es ist das geistige „Ich-Bin-Organ". Als Jesus im Garten Gethsemane von den Häschern des Königs überfallen wird und sie ihn fragen: „Bist du Jesus von Nazareth?", und er antwortet: „Ich bin's!", stürzten die Häscher zu Boden, wie der Evangelien-Text erzählt. Es traf sie der Strahl aus diesem verborgenen Organ des Geistesmenschen, aus Buddhi, wie es der Inder nennt. Seine peremptorische Strom-Entfaltung riss sie zu Boden. Der indische Yogi schult „Buddhi" bewusst, und seinen hohen geistigen Einfluss verdankt er ihm. Es ist nicht zu verwechseln mit Dangma, dem geistigen Kraft-Zentrum der Magie bei den Tibetanern. Buddhi ist nach den theosophischen Lehren des Ostens das geistig-intuitive Organ, das die kommende oder sechste Wurzel-Rasse auszeichnet, und wie der Kern dieser Rasse bereits in der Gegenwart gebildet wird, so ist auch Buddhi in der Anlage bereits in der heutigen Menschheit vorhanden. Dasselbe Organ heißt „Uz-hvar" oder Horus-Auge im Totenbuch, und dieses will uns nun ein Lehrbuch zu seiner Entwicklung an die Hand geben. Im physischen Menschen entspricht dieses Horus-Auge (Buddhi) zunächst symbolisch der Epiphyse oder der oberen der beiden Gehirndrüsen. Die Schwingungen dieses Organs sind in dem Namen, „Uz-hvar" (Horus-Auge) gegeben. Der zweite Teil dieses mystischen Namens nämlich ist so zu sprechen, dass der Mund in ihm verschiedene Öffnungsweiten nacheinander rhythmisch durchläuft. Folgende Abbildung zeigt uns diese:

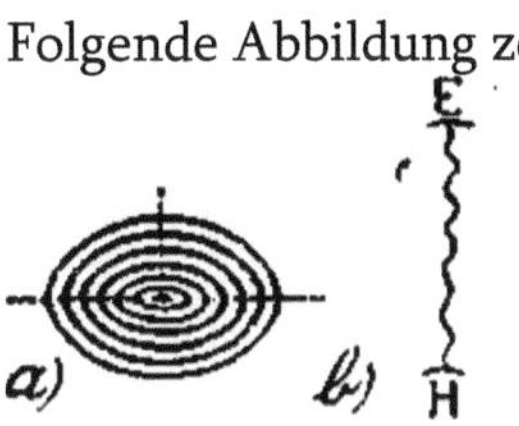


Wenn wir nach der Silbe „Uz" die Silbe „hvar" entwickeln, öffnet sich der Mund zunehmend, wie etwa der Amerikaner "while" spricht. Man prüfe sich in dem Aussprechen dieser Silben und versuche sich in dem Schwingen derselben zu objektivieren. Blickt man hierbei auf die sechs sich nacheinander weitenden elliptischen Sonnenkreise in der Abbildung, so merkt man das allmähliche Eintreten des Tones (hvar, Uz-hvar) in den Körper. Diese ensomatische (innerkörperliche) Resonanz jenes Siegel-Wortes ist auf die Tätigkeit der Zirbel (Epiphyse) im Körper zurückzuführen. Von ihr gehen die Wellen aus, die wir hier anschauen.

Im Totenbuch finden wir die Konzentration auf jene Kreise nach einem wichtigen Schlüssel-Symbol selbst angegeben:

Dieses Zeichen wird schwerlich ein Philologe deuten können, wenn er nicht weiß, dass diese Hieroglyphe der Taube mit dem Tonwort „Hwar" so ausgesprochen wird, wie die Kreise darunter angeben, nämlich mit rhythmisch gefühlter Mund-Erweiterung („Ovulation"), wie wir zeigten. In dieser Aussprache wird ein rhythmisches Element im Körper frei, welches die Grundlage der ganzen geheimen Sprechweise ist, außerdem aber das Differential der unendlichen Zeit darstellt, welches in seinem Schwingen das „Tor des ewigen Bewusstseinszustandes" oder des Jenseits öffnet.

Jenes Zeichen kann auch gelesen werden: „Men-hwar" und ist dann das Schlüsselwort der ganzen Logoswelt. Das dahinter stehende Zeichen der „Smen-Gans" mit einem Konzentrationspunkt im Totenbuch ist ein Einstellungs-Symbol zur Erzeugung der Schwanen-Pose, von der wir bereits sprachen, alles Sinnbilder der Esoterik des Totenbuches, die uns erst in das wirkliche Wesen der Geheimlehre der antiken Religion überhaupt einführen. Der Name jenes bedeutsamen Symbols „Uz-hvar" des „Totenbuchs" ist uns in der Gegenwart nicht unbekannt. Der Name „Parzival", der mit dem Gral-Mythus von nordafrikanischen (ägyptischen) Mauren zuerst nach Spanien und Süd-Frankreich gebracht wurde, geht auf diese mächtige Initiations-Formel des Totenbuchs Pir-Uz-hvar - Erscheinung des Horus-Auges in der Menschheit - zurück. Er enthält also das Merkzeichen der sechsten Wurzel-Rasse, das Buddhi-Organ. Buddhi ist schöpferische, intuitive Intelligenz, ihrem Wesen nach sowohl Wille wie Intellekt wie Intuition, alles drei in einem gemeinsamen Wurzeltrieb der menschlichen Natur, in ihrer ungeschiedenen Anschmiegung und Anlehnung an den schöpferischen Strahl im Innern, an das absolute Ich-bin. Dies muss mit den sechs Sonnenkreisen, die es abbildet, tönend im Innern auferstehen, indem es sich auf drei Ebenen ergießt, auf die Ebene des Willens (Sat), des Intellekts (Cit) und des Gefühls (Ananda). So nach dem Vedânta. „Satcit-ananda" ist die entfaltete Buddhi, das Mahat-Organ, wie es auch genannt wird, mit dem der Mensch über die Sinnenschöpfung hinweg in Mahar-Loka, die höhere Welt, eingeht. Von dieser höheren Welt führt ein Kanal in die untere Daseins-Sphäre, so auch nach dem Totenbuch, in dem jene genannten Lehren des Vedânta nur in anderer allegorischerAuffassung wiederkehren. Was Goethe im Faust (Prolog im Himmel) von den „Brudersphären" der Sonne und von ihrem tönenden Gesänge sagt, bezieht sich auf das Erwachen von Buddhi im Menschen:

„Die Sonne tönt nach alter Weise in Bruder-Sphären Wett-Gesang."

Die natürlichen Sinne vermögen weder die sieben Brüder-Sphären, noch ihr Tönen wahrzunehmen. Die sieben Haupt-Sphären (Sephiroth) der Kabala, heißen auch die sieben Töne (Schewa koloth), sie bilden zusammen das Licht-Ei oder das aurische Ei der Sonne, von dem das Totenbuch sagt, dass es dem Mysten in der Unterwelt, d. h. jenseits der natürlichen Sinnenschwelle aufgeht. Ja, der Myste erwacht im Anblick dieser sieben Brudersphären durch die Macht jenes geheimnisvollen Tones (Uzhvar, Pir-uz-hvar), so heißt es im Kapitel 22 des Totenbuchs:

„Ich scheine hervor aus dem Ei, welches ist in der verborgenen Welt."

Die mantrische Kraft jenes Namens „Uzhvar" kehrt bei den Indern wieder in dem mächtigen Namen des „Ishvara" (Herrn), von dem die sieben Hierarchien der Sonnengeister abstammen, bei den Juden im Namen Jehoshvah und bei den Christen im Namen Jesus. Wenn dieser Kanal sich öffnet, betritt der Mensch die Welt jenseits der natürlichen Sinnesschwelle oder das Jenseits (Duat) überhaupt. Derselbe Kanal mündet aus in die Epiphyse (obere Zirbel), durch welche der Mensch mit Mahar-Loka (ägypt. „Uach") verkettet ist, Während der Kanal selbst einer Welle gleich von dem Epigaeum (ägypt. „Setes", der Über-Erde, der urstofflichen Primordial-Hülle des Planeten) zum Hypogaeum oder zur Unter-Erde herabdringt.

## Die verschiedenen Stufen der Jenseits-Entwicklung

Der Ägypter stellt die Kanal-Strahlen im „Totenbuch" bildlich als Schlangen dar. Er dachte sie sich von der Epiphyse aus, dem Gehirnorgan, das am obersten Ende des Wirbelkanals sitzt, bei der siderischen Geburt (die Wieder-Eingeburt der Monade, die entweder im Augenblick der Zeugung (Trutina Hermetis) oder im späteren Leben beim Erwachen des höheren Egos (Anoch, Enoch) im Menschen stattfindet) in die Wirbelsäule eindringend und beim Tode als Schlange wieder aus der Wirbelsäule hervorkriechend. Die paradiesische Wiedergeburt erfolgt also immer erst im späteren Leben, wenn der natürliche Mensch bereitet ist zum Herabstieg der „goldnen Schlange".

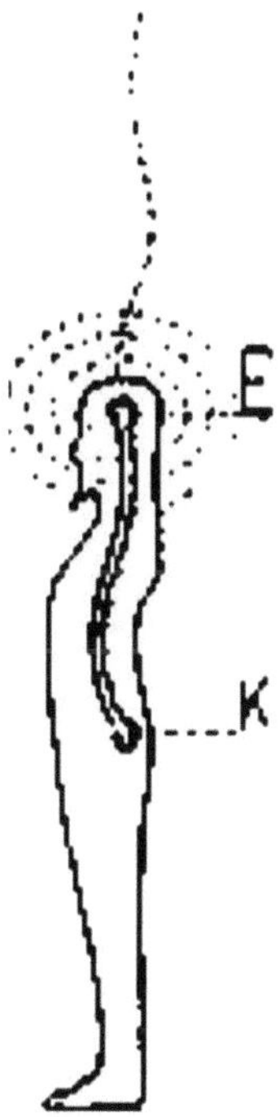


Die Wirbelsäule des Menschen stellt bekanntlich eine wellenförmige Kurve dar, die bei jedem Menschen verschieden ist. In jedem ist nach der Eigenart dieser Kurve das Lebens-Prinzip (ägypt. Ankh) individualisiert. Jeder hat seine besondere „Lebens-Schlange", seinen „Uraeus", der sich immer wieder inkarniert. Wenn der Mensch stirbt, ebbt die Welle (Ankh) zurück in das große Strombett droben. Dieses lag nicht im Himmel unter den Sternen, sondern zunächst über der Erde und um sie herum als eine feuchte Ursphäre (ägypt. Nut). Auch unsere Astronomie kennt die „Edel-Materie" dieses äußeren Erdgürtels, das ultraviolette Hydrogen, und schreibt ihr eine besondere Bedeutung zu. Ja, man hat sie die jungfräuliche Ur-Materie genannt. Wir gehen nicht fehl, sie mit dem stofflichen Isis-Prinzip der Ägypter zu identifizieren. Auch Isis ist die „jungfräuliche Erde", welche den Impuls aus der Logoswelt (Osiris) erhält und durch ihn den Menschen schafft, oder richtiger: selbst gebiert. Sie trägt den Mysten selbst in ihrem Schoß, sendet ihm ihre Nährströme zu, deren er bedarf, bis er reif ist und als reife Frucht gleichsam vom oberen Weltbaum abfällt. Die Schlange wird in dieser Auffassung zu einem Zweig, der sich von oben heraberstreckt. Oben ist der Baum, die Welt-Sykomore (Chet) des Totenbuchs, unten sind die Zweige. Jedes Individuum haftet als Zweig an dieser Sykomore, zu deutsch Feigenbaum. Auch Odin, der Germanen-Gott, kommt von diesem Weltbaum, und Jesus beschreibt die Wiedergeburt als ein Reifen und Saftigwerden des Zweiges am Feigenbaum (Ev. Luk. 21, 29). Die Wirbelsäule ist der Zweig. In ihm ist der Mensch fest in die obere Welt verwachsen, und auch mit dem Tode löst er sich nicht von ihr, denn die Welle, deren stoffliche Gerinnung und Manifestation er darstellt, bedeutet dort oben ein unaufhörliches

Pulsen und Atmen des Gottes-Allgeistes.

Nun gibt es freilich dieser Wellen viele. Hier beschreiben wir ihre höhere Zustandsform, die wir in das geistige Organ, das wir Buddhi nannten, ägypt. Uz-hver oder Horus-Auge, ausfließen sahen. Dies Uz-hver oder Horus-Auge, dessen hohe Bedeutung das Totenbuch fast in jedem Kapitel ahnen lässt, besitzt aber nach ägyptischem Glauben nur der „Sahu" oder der „Erwachte" der Mysterien. Die niederen Gedankenformen, mit denen der Mensch hienieden wie mit einem Wellen-Chaos oder einem Schlangen-Heer ringt, lassen ihn gar nicht zur Erkenntnis des wirklichen Urquells, an dem er lebt, kommen. Johannes der Täufer nennt solche Menschheit, vornehmlich: die skeptischen und atheistischen Sadducaer, ein „Otterngezücht". Dieser Ausdruck ist bildlich konkret zu fassen. Denn der Mensch ist die Inkarnation entweder eines Agathodämons, d. h. einer Heils-Schlange, oder eines Kakodämons, d. h. einer Otter.

Die Abwehr feindlicher Gedankenwellen: Darstellung aus dem 33. Kapitel des Totenbuchs mit der Überschrift: „Von dem, wie man die Schlangen zurückschlägt"

Die Schlangen sind hier Gedankenformen in Form von Wellen, die auf den Mysten einströmen und die er zu besiegen hat in der Weise, wie es das Kapitel 33 lehrt. Die Wellen der schlechten Menschen strahlen nach dem Totenbuch aus der Ueber-Erde hervor wie dunkle Vipern. Alles ist hier Wellenlehre. Auch die Seele des Menschen ist eine Schwingung, eine tönende Saite, ausgespannt zwischen dem feurigen Kristallpflock der Erdmitte und dem feuchten Kristallhimmel der oberen Erd-Atmosphäre. Durch eigenartige Übungen lernte der Myste des Totenbuchs diese

Wellen empirisch genau erfassen und unterscheiden, ja sogar die Zonen der kristallenen Über-Erde, die jüdischen Sephiroth und Qlippoth (Schalen) genau auseinander halten. So unterschied er verschiedene Höllen und Himmel, die merkwürdigerweise auch sprachlich mit denen der indischen Puranen eine große Ähnlichkeit zeigen. Denn Tapa-Loka in den Puranen ist Tefai-t im Totenbuch (Kapitel 110). Jana-Loka in den Puranen ist Kan-Kani-t im Totenbuch (Kapitel 110). Swara-Loka in den Puranen ist Weseri-t im Totenbuch (Kapitel 110) etc.

Wie jede Zelle des Menschen eine Summe von atomistischen Wirbel-Feldern darstellt, so ist auch der gesamte Mensch wieder eine Summe solcher vibrierender Kraft- und Wirbelfelder, die aber einer einheitlichen Urwelle nicht entbehren können. Sie sehen wir in jener Lebensschlange der Ägypter, die im Kanal der Wirbelsäule wohnt und aus den Batterie-Elementen derselben den ganzen Körper aufbaut. Jeder Mensch ist also eine manifestierte Schwingung in der Gott-Natur. Er ist in seiner höchsten Potenz eine Ausstrahlung des göttlichen Gedankenlebens in der Welt und als solche Substanz von der göttlichen Substanz. Er ist Geist, eine geistige Welle, tönendes Wort, erklingende Wahrheit, Logos. Diese göttliche Substanz ist durch den Raum ergossen, aber in übersinnlicher Weise. Sie ist nicht Licht, sondern Ton, und nicht sinnlicher Ton, sondern geistiger. Wenn es beispielsweise in Fortsetzung jenes Kapitels (137a) des Totenbuchs - nach Beschreibung des Horus-Auges (Buddhi) als Sitz dieses geistigen Tones im Menschen heißt:

„Das Licht des Horus-Auges ist angezündet für den Toten, den Osiris HWEN-NOVER"

so ist damit auf das letzte Geheimnis hingewiesen, welches das Totenbuchzu geben hat. Der Myste, der diesen mächtigen Namen anrief und sein Mysterium kannte, sah durch Buddhi den Vorhang vor dem zukünftigen Sein aufgehoben. Er sah in das Absolute, das Raum- und

Zeitlose, er sah den Geist dessen, den er rief. Er war „mit ihm im Paradiese", redete mit ihm, wie uns das Totenbuch des öfteren bezeugt. Was die Vorstellungdurch Buddhi erzeugt, ist nicht wie die sinnliche Vorstellung träge und gebunden, sondern eine lebendige Kraft, ein Ruf in den Himmel. Unter ihrem Ruf hallen die Sphären wieder. Das Band aber, das die Geister dieser höheren Zone verbindet, ist die Liebe. Die Liebe breitet sich sehend über die ganze obere Welt aus. Liebe ist alles, was da oben ist. Wie Goethe im Faust sagt :

„Denn das ist der Geister Nahrung,
Die im reinsten Äther waltet,
Ewiger Liebe Offenbarung,
Die zur Seligkeit entfaltet."

So sehen wir auch im Totenbuch als höchstes Siegel der Erkenntnis die Liebe bezeichnet. Sie ist es, die den Horus, den Adepten der höheren Stufe, an seinen Vater Osiris kettet, und dieser gibt ihm alles durch die Macht der Liebe, die er zu seinem Sohne empfindet. So gibt Gott auch nach dem Neuen Testament seinem Sohn alle Erkenntnis durch die Liebe. Alle Mysterien entsiegelt die Liebe und sich selbst, das höchste Mysterium, entsiegelt sie, indem Gott Mensch wird und im Menschen einen Pfad aufreißt, ewig Gott zu sein. Totenbuch, Kapitel 9:

"Mächtiger Geist, ich trete zu dir. Ich begehre Einlass zu dir. Lass mich dich schauen. Ich trete durch das Tor des Himmels, damit ich dich sehe und erkenne, dich, meinen Vater Osiris, und überwinde die Nacht des Todes. Ich bin ja dein geliebter Sohn. Darum werde ich sehen das Antlitz meines Vaters ewiglich. Ich habe überwunden die Lüste des Satanas (Set- Typhon) und also erfüllet meine Pflicht gegen dich Vater. Tuet auf die Tore des Himmels und der Erde; denn ich stehe auf in verborgener Gestalt (der Mumie, Sahu) als ein Erleuchteter Gottes und kundig ewiger Dinge! "

# Die Totenbuch-Gesänge

Die über 300 zählenden, zum Teil außerordentlich umfassenden Gesänge und religiös-esoterischen Aufsätze führen den Namen „Schrift vom Wieder-Hervorgehen im Licht!" Es wird in ihr das Erwachen der Seele in einer höheren Welt geschildert. Eine Ruhe und ein Glanz strahlt von diesen Zeilen aus, wie sie wahrlich nicht aus dem Ägypten der Finsternis entstammen kann. Man sagt, wo Licht ist, da ist viel Finsternis. Der verrufenen schwarzen Magie der Ägypter entsprach auf der anderen Seite eine hohe, weiße Magie, eine Kenntnis der geistigen Welten und ihrer Gesetze, wie sie nirgends erhabener und größer angetroffen wird. Und die alten Völker, die wie die Israeliten und Römer sich spottend über die Ägypter des Tierdienstes und des Aberglaubens ergingen, alle haben sie wie die großen Philosophen und Historiker, wie ein Plato, Phytagoras, Tales, Herodot, Diodor usw. an dieser Quelle geschöpft. Abraham, Jakob, Moses und Jesus waren in Ägypten. Wenn wir aber das Totenbuch werden voll erschlossen haben, wird sich zeigen, dass in Ägypten der Herd der tiefsten religiösen Erkenntnis der Antike lag, dass diese Erkenntnis hier ihren Brennpunkt und vielleicht zum größten Teil ihren Geburtsort hatte. Freilich, das Licht, das der Sohn der Maria in sich trug, konnte sich vielleicht entzünden an jenem Licht. Aber es war aus dem Stromquell, der über aller Örtlichkeit steht. Das hindert indes nicht, dass wir die Grundgedanken des Christentums und seine tiefsten, uns heute noch fast dunklen esoterischen Urwahrheiten im Totenbuch vorfinden. Und in diesem Sinne können seine schönsten Kapitel der Schlüssel werden zu dem verborgenen Geist des Christentums, der noch unenthüllt blieb und seine Kraft auch in dieser Zeit materieller Finsternis noch nicht erweisen konnte, weil er untertreten ist von dem Geist dieser materiellen Finsternis, in der das Licht versöhnender, Frieden bringender Erkenntnis nicht hervorzuleuchten vermag.

## Von den Wandlungen der Seele

Übertragungen aus dem Totenbuch

### I. Die Verwandlung in den siegreichen Lichtfalken (Kapitel 78)

Neige dich zu mir und komme zum Hause deiner Verklärung. O Sohn Gottes! [1)]
Erhöre mich!
Wirf Licht auf meinen Pfad und hilf mir für die Wanderung durch die Stätten meiner Bestimmung. Schau auf mich und behüte den Weg, den ich gehe.
Hülle um mich Kraft und Stärke, dass die Dämonen der Finsternis von mir weichen, und ihre Versuchungen mir nichts anhaben. Dass der mich nicht hinwerfe im Hauche der Nacht, dessen Name niemand aussprechen möge. [2)]
O, ihr Seligen! Leiht Euer Ohr meinen Worten, ihr vorweltlichen Wesen, die ihr weilt im Gefolge des Gottes.
Hauche mir ein, Herr, Dein Wort, das da ausgeht von Deinem Munde, dass ich erkennen möge, Gott, Deine Herrlichkeit und angetan werde mit dem Mantel Deiner Kraft!
Gib, dass ich möge auferstehen und wieder ansetzen meine Füße.
Gib auch, dass ich möge schritthalten mit ihm dem Gewaltigen, und festbleibe in meiner Hütte ewiglich. [3)]
Siehe, ich bin geworden einer jener Ewigwandelnden dort oben.
Man hat mich angetan mit dem Gewände dessen, der da wohnet am Orte der Verklärung.
Ich bin der Verklärte, den der Vater selbst hat wiedererweckt, welcher ist der einige Gott im Himmel.
Ihn preist man als den, der sich selbst erschuf am ersten Tage!
Ich bin geworden einer jener anfänglichen Schlangen-Götter [4)]: die das Sonnen-Wesen [5)] emaniert hat.

Ehe die göttliche Mutter war, die den Sohn gebar, Bin Ich.
Ich schwinge mich empor als jener leuchtende Habicht.
Ihn hat der Sohn Gottes bekleidet mit seiner eigenen Seele.
Ich nehme Besitz von meinem Erbe in der göttlichen Welt.
Und nun höre das Wort, das mein Vater sprach zu mir am Tage meines Begräbnisses Nemmess. [6)]
Das ist das Wort der Entsiegelung des Lebens in der geistigenWelt, dir gegeben durch den Engel mit dem Löwen-Antlitz. [7)]
Mögest du als ein Wissender in diesem Worte Kraft finden und gegürtet werden.
Denn in ihm werden die, welche wohnen in den Räumen des Himmels, dich erkennen und die Dämonen der Finsternis vor dir erzittern!
Als ich diese Worte sprach, beugten sich nieder zur Erde alle die, welche in höherer Gestalt die leuchtenden Hallen bewohnen.
Ich bin es, der da kennt die Wege des Himmels.
Der Odem, der da oben weht, ist mein Odem!
Und jener wütige Stier, der Hüter der Schwelle [8),] nicht hemmt er meine Schritte.
Siehe, ich bin eingetreten in meine Barke und gleite entlang am Ufer derer, die da wohnen im Lande der Finsternis, die umgeben sind von des Todes Schatten, wie Weiland mein Vater. [9)]
Der Engel im Löwen-Antlitz, [10)] er nähert sich mir.
Er überschattet und ergreifet mich.
Er durchstrahlet meiner Seele Sinne, dass ich sehe jene heiligen und mystischen Dinge vom Urbeginn der Welt.
Ich trete ein durch das Tor des Windes, goldbefiedert gleich dem Falken.
Wenn ich frage, so ertönet mir Antwort!
Ich bin der goldene Falke und Herr des mystischen Juwels!
Ich bin ein König des Lebens, und meine Herrschaft reicht bis zu den Enden der Welt.
Ich bin verwandelt in den Engel mit dem Falken-Gewande.
Mein Rücken wird angeblasen von dem lächelnden Hauche seines Odems. Ich bin angetan mit seiner Kraft. Ich trete ein ins Tattwa! [11)]
Dort sehe ich ewiglich das Antlitz Gottes, meines Vaters.
Ich ergebe mich in Gott, meinen Vater.
Ich ergebe mich in meine göttliche Mutter, die Nut. [12)]
Sie beschützen mich und erhalten mich durch die Substanz, welche entfließt dem Horus-Auge, [13)] und durch die geistige Flamme, welche in ihm ist.
Sie strecken aus ihre Arme zu mir, und also komme ich zu ihnen.
(Lobpreisung:) Sie öffnen mir den Pfad des Lebens. So schauen sie in mein

Inneres und vernehmen meine Worte.
Heil Euch, Ihr göttlichen Wesen, die Ihr das Jenseits bewohnt und mir erschienen.
Ihr ließet mich eintreten in den Ort ewiger Erkenntnis, der da versiegelt ist durch das Wort CHEM-T. [14)]
(Schluß-Gesang mit Ausstrecken der Arme seitlich wie zum Fluge empor und in anbetender Haltung:) Ich entfalte meine Flügel gleich dem goldbefiederten Falken.
Der Engel in Falken-Gestalt hat mir geliehen seine Seele, damit ich auffliege in das ewige Land.
Herr, ich habe erfüllet Dein Gebot, lass mich eintreten ins Tatt'wa, in Dein ew'ges Licht-Reich!
Ich habe kundgetan das Werk Deines geliebten Sohnes.
Ich habe überwunden.
Ich habe bezwungen das Herz vor Verführungen.
Ich bin durch die Todes-Pforte geschritten.
O Du Herr, allmächtiger Gott, beschütze mich!
Ich komme, ich komme, empor, empor zu Dir, auf lichten Fittichen!
(Die Ankunft im Licht:) Siehe, nun bist su in deinem Reich, meine Seele!
Man hat dir wiedergegeben deine Sinne.
Deine Ohren sind dir aufgetan.
Dein Rücken ist gestärkt, dein Haupt gefestigt.
Deine Stimme ist geläutert, und dein Herz ist fröhlich und voller Wonne.
Du bist ausgerüstet mit neuer Kraft, wie ein junger Stier!
(Schluß-Meditation über das „Nimm- und Iss"-Motiv:) Der Gottes-Sohn ist der Opferer und das Opfer. [15)]
Der Gottes-Sohn ist der Vater, er ist die Mutter.
Er ist der Bruder.
Er ging hervor aus dem Leibe und der Substanz seines Vaters.
Wo ist es, wo er hervorging?
Er ging hervor in dem verborgenen Ort, welcher heißt - folgt der Name der unaussprechlichen Kraft.
Die da wissen um dieses Geheimnis, sind seine Diener und Nachfolger.
Gepriesen sei ER!
Die Erweckung.
Psalmen der Geister (Totenbuch Kapitel 64.)
Ich stehe auf aus dem Tode!
Siehe, einem Adler gleich erhebt sich meine Seele!
Licht wird es vor mir auf der Erde, und mein Auge wendet sich zurück zu den Spuren meiner Tage.

Ich bin [16] die Ursache alles dessen, was Ich bin!
Die Gräber der Erde werden mir zu Geburtsstätten, [17] und ich kehre wieder zu meiner Zeit.
Ich nehme an die Gestalt, nach der mein Herz verlangt! [18]
Ich werde, was ich wünsche.
Nicht ein zweites Mal werde ich sterben.
Der Gott im leuchtenden Harnisch [19] ist es, der mir Schutz gewährt.
Siehe, ich hänge am heiligen Baum. [20]
Vor mir leuchtet auf der Strom des Lebens.
Ich sehe der Dinge ewig sich wandelnde Natur.
Mein tiefinnerliches Auge erwacht.
Vor mir strahlt auf ein neuer Tag!
Ein neuer Lebenswind bläst herein.
Lauter geworden sind meine Hände, Dich anzubeten, Herr des Lichts!

Anmerkungen:

1) Horus, der im Bilde eines Falken verehrt wurde, der Sohn des Osiris. Wie der mit Jesus sich in der Johannes-Taufe verbindende Christus im Bild einer Taube niederstieg, so erschien die Seele des Horus, des Gottes-Sohnes der Ägypter, im Bild eines schwebenden Falken über dem Eingeweihten. Esoterisch liegt der Schlüssel in der Habichts-Pose und dem entsprechenden Mantram.

2) Gewisse Namen bargen dem Ägypter in ihrem bloßen Klang magische Kräfte, so dass er es vermied, solche Namen, besonders von Dämonen, zu nennen. Die Flüche und Verwünschungen auch in unserer Sprache sind zum Teil Reste von Dämonen-Namen.

3) Die Hütte (lat. Tabernaculum) zeigt die Verbindung des Menschen mit den Himmeln oder Sphären an. Um sich dieser Verbindung bewusst zu werden, bedarf es bestimmter in diesem Kapital angegebener Worte und der Einstellung auf dieselben, so des weiterhin genannten Chemt-Motivs. Die Hütte ist also der höhere Leib, in welchem die Verbindung mit der göttlichen Welt liegt. Man vergleiche die nächste Anmerkung.

4) Auch der indische Mythos spricht von den Schlangen-Göttern oder den Gana-Devas, die im Anfang waren. Es sind darunter spirituelle

Wellenzüge eines höheren Äthers verstanden, dessen Verdichtung und Gerinnung das Menschen-Urbild nach dem Totenbuch darstellt. Die ägyptischen Mysterien, wie sie im Totenbuch enthalten sind, lehrten die Erkenntnis dieser höheren Wellenzüge. Auf dieselben werden wir noch des Weiteren zurückkommen.

5) Die Sonne war dem Ägypter das Auge einer intelligenten, das Weltall erfüllenden Urkraft. Das physische Zentrum dieses Auges lag in der Sonne selbst, aber die Intelligenz wohnte in dem sogenannten Sonnenkreis oder Zodiakus. Von dem letzteren emanieren darum die primordialen Schlangen-Wellen. Sie wohnen in den Häusern des Tierkreises und wirken von ihm aus auf das Individuum. Diese höhere Wellengattung in der Natur nannten Aristoteles und Goethe die „Entelechie" (von griech. enteles echein, Vollkommenheit habend).

6) Dieses merkwürdige Wort heißt im ägyptischen Text: Nemmess. Es ist eine sogenannte Geheimformel (ägypt. Tet, ind. Mantram), eine mystische Tonwallung im Körper darstellend und darum auch nicht intellektuell, sondern nur als geistiger Ton erfassbar. In der deutschen Sprache können wir es getreu seinem Tonbild auch als „Nimm (und) iss" übersetzen, weil nur diese Formel die Bedeutung jener Buchstaben als geistiger Kräfte genau wiedergibt. Diese Formel ist in unser höchstes christliches Ritual, das sogenannte Sakrament des Heiligen Abendmahls, übergegangen, wo es Jesus spricht und wo es noch heute gesprochen wird zur Erinnerung – wie im Totenbuch, siehe oben - an den Tag seines Begräbnisses. Diesem Wort entspricht eine gewisse Tonbahn im Körper, die nur den Eingeweihten der Mysterien bekannt war, und die ein Licht der Erkenntnis ausstrahlte, wie nichts anderes auf Erden. Wir kommen auf diese Tonbahn weiterhin zurück. Luther hörte es als „Nimm und ließ", das nach seiner Mitteilung Ursache seines Berufes als Reformator wurde.

7) Die Urchristen durchschritten in ihren Einweihungen nach gnostischen Ueberlieferungen die Stufe Scorpio, in welcher sie jenes große Wort zuerst traf. Sodann traten sie in die Stufe der

Gottesanschauung (Epoptie), welches durch das Sinnbild „Löwe" bezeichnet war.
8) Der „Hur-Ka" der Ägypter, Horus als Stier, Name des Planeten Saturn. Letzterer war der Planet des Karmas, der ausgleichenden Gerechtigkeit und hütete die Schwelle zum Himmelreich.
9) Osiris, der Vater der Horus, machte alle Schrecken des Todes durch. In den ersten Graden der Entwicklung ist der Myste Osiris, in den weiteren, wenn er sich über den physischen Tod erhebt, wird er zum Horus, der aber auch im Grunde nur ein verklärter Osiris ist.
10) Um diese Stelle zu verstehen, bedarf es der Einfühlung in die Maske des Löwen, von welcher weiterhin gesprochen ist.
11) Das Wort heißt im ägyptischen Urtext: Tatt'we (oder Tattwa). Es entspricht so völlig dem Begriff des indischen Tattwa als der absoluten Kraft, dass wir es getrost durch dieses wiedergeben können. Der Myste tritt also ein in die Welt einer absoluten von Gott ausströmenden Kraft. Das Tattwa ist zugleich das Land des Sonnen-Löwen, des oben erwähnten Engels mit dem Löwen-Antlitz.
12) Im ägyptischen Sinnbild der jungfräulichen Urmaterie, die unmittelbar aus dem Wunsch und Gedanken Gottes erstrahlt (emaniert).
13) Das Auge des Falken (Horus-Auge) ist das geistige Konzentrations-Organ als Zentralsitz aller geistigen Kräfte.
14) Heimdall-Motiv. Dieses Wort ist ebenfalls eine geistige Tonwallung im Körper und hat eine bestimmte Tonbahn, durch welche es spirituelle Zentren im Innern weckt. Es besitzt dadurch erleuchtende Kraft. Sein Sinn ist: Es hemmt den (natürlichen) Willen und macht dadurch den geistigen Willen (Gottes) frei. Es entspricht also der Schopenhauer'schen Forderung von der Überwindung des Leidens durch Hemmung des natürlichen Willens zum Leben.
15) In den letzten Worten liegt die zusammenfassende Erkenntnis alles dessen, was in diesem Kapitel enthalten ist. Besonders aber dessen, was in dem Nachdenken über jene Silben: „Nimm und iss" sich ergibt, und das ist: „Der Sohn Gottes ist der Opferer und das Opfer ...." Weiß man

nun die wichtigen Aussprüche jener Worte und ihre Tonbahn im Innern, so wird man finden, dass im Totenbuch religiöse Ideen liegen von großer Tiefe und Schönheit, die bis heute noch zum größten Teil verborgen sind.

16) „Ich bin" muss immer mit einer besonderen Betonung gesprochen werden.

17) Im geistigen Land, zu welchem die Seele zeitweise als ihrer Heimat zurückkehrt.

18) Nach Kant ist das Leben in der Glückseligkeit ein Leben, in dem alles nach unseren Wünschen geht. Der Ägypter trachtete darum die Wunschkraft so zu reinigen, dass sie befähigt wird, zu schaffen, und das war ihm das Leben im Wunschland (Paradies).

19) Der Panzer ist das, was unsere heutigen Metaphysiker die Aura guter und reiner Gedanken nennen. Wer sich mit solcher Aura umgibt, wird geschützt.

20) Wenn man den menschlichen Körper im N-Licht sieht, so ist er ein Baum, dessen Stamm die Wirbelsäule und dessen Zweige die Rippen und die großen Gefäße und dessen Früchte die Organe sind. Der Baum, von dem der Mensch kommt, so auch Wotan, der vom Baume herab fällt, ist das Geheimnis des Ur-Menschen, das den Wissenden der alten Zeit sehr wohl bekannt war, das sie aber mit symbolischen Namen belegten.

## An die wiederkehrenden Toten

Kapitel 169:

**„Ob ihr gleich schlafet in euren Gräbern, ihr Seligen, so wachet ihr dennoch und wandelt einher in euren Flammenkörpern!**

(Gesprochen an den Toten - Die Erweckung durch den Logos:)

„Hwê" ist das
Mysterium deines Mundes, das du aussprichst, und deine Füße regen sich. Da tritt Leben in deine Glieder! Also erfährst du deine Verwandlung am Grabesort des Gottes! Speise und Trank in heiligen Krügen spendet man dir, der du aufschwebest in der Wolke am Tage der Auferstehung! Der Mystagoge umhüllet dich mit dem Licht-Kleid. Lebendes Wasser strömt über deine Glieder. So also kehrest du wieder im Himmel als einer der Gottessöhne. Und nachdem du empfangen die neun göttlichen Kräfte, wirst du zum Schwan,

versiegelt unter dem Namen: „Hüter der Wahrheit"

(Hwen-nofer)

Erklärung:

Der Flammenkörper, ägypt. Sahu, Saeh (St. sa, hebr. esch = Feuer) ist der Äther-Körper der alten Metaphysik. Äther, von griech. aithein = brennen! Die Fein-Atome (Feuer-Atome, Heraklit) dieses Flammen-Körpers bilden eine geschlossene Flammen-Zone. Die indische Lehre beschreibt sie etwa wie folgt: Ein Mensch, der von Leidenschaften bewegt wird, in dem ist die Flammenzone gestört, wie etwa eine Flamme Ruß auswirft, wenn ihre Zone durch Zug oder Erschütterung von außen beeinträchtigt wird. Dieser Vergleich ist nicht bildlich, sondern eigentlich. Auch die Gesundheit des Menschen ist dadurch bedingt, dass die Flammenzone als Bild des Verbrennungs-Prozesses, den wir Leben nennen, nicht durch Zugwind von außen gestört wird Warum führt man die bei weitem meisten Krankheiten, ja Todesfälle, auf Erkältungen zurück? Kein Arzt weiß es zu erklären. Heraklit und die Ägypter lehren: Wenn die Feuer-Atome des Leibes zerreißen, wie etwa eine Flamme durch den Wind zerrissen wird, erkrankt der Mensch oder stirbt. Das ätherische Band der Atome geht zugrunde, es „zerreißt". In gewissen Fällen aber kann es, das schon gelockerte, erhalten bleiben, lehrten schon die Ägypter. Zum Beispiel ist ihnen die reine Liebe („weißer Löwe") das „Bindemittel, das der zerstörenden Wirkung der Begierde („roter Löwe") entgegenwirkt und den Flammenkörper (ägypt. Saeh, griech. Zeus, germ. Ziu) auch über den Tod hinaus erhält. Durch das Sanctuarium dieser begierdenlosen Flamme wandeln die Eingeweihten der ägyptischen Mysterien nach dem Tode einher - und wir werden gleich erfahren, wie dies geschieht. Zuvor aber mögen Nietzsches Worte beherzigt werden:

„Ja, ich weiß, woher ich stamme,
Ungesättigt gleich der Flamme
Glühe und verzehr ich mich.
Licht wird alles, was ich fasse,
Kohle alles, was ich lasse:
Flamme bin ich sicherlich!"

Hätte Nietzsche um das Geheimnis der, wie die Upanishaden sagen, „am stillen Orte vom Winde unbewegt brennenden Flamme" gewusst, er hätte der Menschheit mehr leuchten können. Er wäre dann kein unruhvoller Feuer-, sondern ein ruhvoller Licht-Genius geworden.

Wer nach ägyptischer Anschauung die Welt der leuchtenden Liebe (ägypt.Meri, davon Maria) schon hier erreicht, der wandelt auch im Jenseits vermöge desselben Flammen-Körpers (saeh), den er hier sich schuf, ungestört seine Bahn, einem Gestirne gleich. Nötig war es, wie nun der obere Text sagt, zu wissen um das „Siegel in den Füßen", in welchem sich die Flamme des Chre-stau (Christus-Impulses) entzündet. Als die Jünger Jesus sahen, griffen sie, wie Matthäus berichtet (Ev. Matth. 28, 9) nach seinen Füßen. Sie lösten hier das Siegel. Der weitere Text sagt:

„Die ihr Wissende seid der Wiedergeburt, ihr erscheinet wieder, indem ihr das Siegel löset an euren Füßen, und also zur (sichtbaren) Auferstehung bringet euren Leib!"

Der Christus-Impuls, ägypt. Chre-stau, der die Jünger erleuchtet, und sie den Herrn sehen lässt, geht von den Füßen aus. Denn in den Füßen haftet der Mensch an der materiellen Erde, und so lange er der materiellen Anziehung, dem Gravitations-Prinzip auch denkend unterworfen ist, kann er nicht hineinsehen in die Mysterien der geistigen Welt. Er muss frei werden von dem Gesetz der Schwere, losgekettet werden in den Nerven-Zentren der Füße von dem erdmagnetischen Strom, den die Alten treffend Drachen nannten (lat. trahere, ziehen, herabziehen, altnord. drug = Fußfessel, Nidhöggr, der Niederhauende, Niederreißende). Auch Nietzsche singt ein „Tanz- und Spottlied auf den Geist der Schwere, meinen allerhöchsten, großmächtigsten Teufel!"

In der Gewalt der Schwere liegt das fesselnde Element auch für Sinne und Denken. Wer von dem „Geist der Schwere" beherrscht ist, kann nicht sehen in der höheren Welt. Darum muss in den Füßen die Entkettung von der Schwere erfolgen. Das geschah in den ägyptischen Mysterien durch lösende Wort-Strömungen, Anrufungen, die bis in die Füße hinab vibrieren mussten. Durch solche Wort-Vibrations-Übungen wurde eine höhere Naturkraft ermittelt, die der Schwere entgegenwirkt, wie etwa Svante Arrhenius vom Strahlungsdruck spricht, als solcher der Schwere übergeordneten Kraft. Jede Naturkraft hat ihren Logos, wie im indischen Yoga. Findet man den Logos der Levitation, so kann man durch ihn die Schwere aufheben, und man verlässt diese ganze täuschende Welt der Materie, die durch diesen Logos versiegelt ist.

Ein solcher höherer Strahlungsdruck war dem Ägypter der Tonäther, ägypt. tet, indisch tat, welcher der Schwere entgegenwirkend vorgestellt wurde und in zwei Säulen den Körper durchzittert. Er hieß auch ägypt. Hjeh, geschrieben mit dem Sinnbild zweier Säulen oder Tonketten:

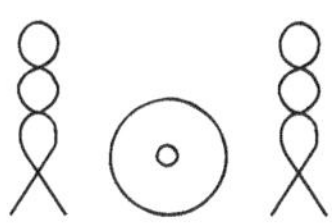

Diesem positiven Tonäther Hjeh stand gegenüber der negative Tonäther mit dem Namen Nun (Nen), Nsu oder Sus (shu). Hjeh und Nun (Sus) waren so die beiden Grundkräfte der heiligen Achtheit in Esmun (Hermopolis). Hjeh bedeutete zugleich die unendliche Zeit und Nun den unendlichen Raum. Beide Begriffe Hjeh und Sus kehren wieder in dem Namen des christlichen Heilandes: „Je-sus" (Matth. 1, 21), der ein ägyptischer Initiierter war (Matth. 2, 15). Jeh (hjeh) bedeutet in der Totenbuch-Esoterik das was von je war, die unendliche Zeit, Sus die erste Bewegung, die Urkraft im Äther, das Sausen des göttlichen Windes, das Pneuma hagion, das den Gläubigen durchzittert. Jeh und Nun waren die Urgrundkräfte der Seele, das Ja und Nein, auf das alles gestimmt ist, was wir fühlen, denken und tun. Wir können nur in der Richtung der einen oder der anderen Kraft denken, lust- oder unlustbetont, wie Kant lehrt. So ist Je-sus im Grunde in jedem der höhere Mensch (ägypt. Chrestau). Und nun zeigt sich das Geheimnis jenes Flammenkörpers: Saeh, der das Gesetz der beiden Grund-Kräfte und Säulen in sich trägt. Die mächtige Formel, welche sein Geheimnis entsiegelt, war Hjeh-Nun-Saeh, Cha-on-saeh, ägypt. Dyonsu, griech. Dy-on-ys, ind. Ha-on-sa (Hansa), christlich Jo-hann-es. Dy (Dyu, cha) ist Ja, on ist nein, Saeh das Absolute, das beide vereinigt. Hebr. Joh-ann-es ist dieselbe Formel, sie bedeutet: Eine Stimme (hebr. jäh) aus der Wolke (hebr. anan) spricht: Dieser (hebr. „säen") ist mein lieber Sohn, das Esoterium der Joh-ann-es-Taufe. (Ev. Matth. 17, 5; Mark. 9, 5).

## Das Isis-Mysterium

Ein nur esoterisch zu erschließender Text (Zeitschrift für Ägyptologie 1892):

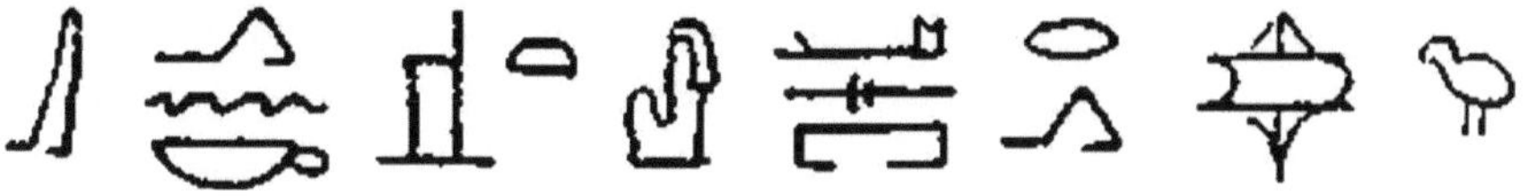

„Es kommt zu dir Isis, dass sie dir gebe den Lufthauch,

den du liebst, damit er eingehe in die Verborgenheiten

deines Hauptes und du lebest und redest mit ihr."

Diese wenigen Worte können als Schlüssel des Isis-Mysteriums dienen. Schon in dem Namen der Göttin lag eine hohe Kraft und selbst eine hervorragende Heilkraft, wie die sakralen Texte zu melden wissen. Aber nur der Myste konnte ihn so aussprechen, dass 'sie kam und mit ihm redete'. Da ihr psychologisches Charakteristikum im Namen Jesus wiederkehrt, ist die richtige Aussprache dieses Namens auch für das innere Verständnis des Christentums von gewisser Bedeutung. Die Urchristen empfanden bei der Nennung des Namens Je-sus dasselbe geheimnisvolle Wehen eines geistigen Lufthauches oder Pneumas (Pneuma hagion = heiliger Geist, heiliges Wehen), wie die Ägypter im Namen der Isis. Wer dies Pneuma nicht fand, dem blieb auch die Göttin verborgen. Sie tritt ein wie Jesus, indem er die Jünger anbläst (Ev. Joh. 20, 22). Zu der richtigen Invokation und Aussprache gehörte dies, denn in ihm lag das Wesen der Göttin verborgen, und vor allem, wie oben bemerkt, eine elementare Heilkraft. Besonders beachtenswert war der Konzentrations-Gestus, der auf den Denkmälern die Göttin mit einem Kreis, dem rollenden Urlicht-Diskus, zwischen den Händen zeigt. Dieser Kreis ist als bewegt, im modernen Sinne als „Funktion" vorzustellen:

Isis mit dem aus ihren Händen fließenden Sonnen-Prana als eine tätig vorwärts rollende Kraft, die in den Händen des Mysten arbeitet. Wir werden ihr Wesen wie folgt erkennen. Bei dem Ritualakt der Einweihung wurde Sand auf den Boden des Pronaos (Vorheiligtums) geschüttet und ebenmäßig verteilt. In diesen Sand zeichnete der Herseshta (Priester-Mystagoge) das Isis-Haupt mit den okkulten Bändern, die der Myste lösen musste. In der Logoslehre werden uns diese Bänder näher beschäftigen. Sie erzeugen die Invertebration des Logos. Auf diesen wichtigen Akt bezogen sich die oben erwähnten Worte des Totenbuchs im 50. Kapitel: „Die vier Bänderam Rande meines Hauptes sind geknüpft" usw.

Die Prozedur des Priesters bezweckte die Erweckung des pneumatischen (geistigen) Organs, ind. Buddhi, ägypt. Uz-hver (Horus-Auge), von welchem jenes Wehen durch den Körper, das „Angeblasen werden" ausgeht. In der geistigen Welt, die sich so öffnet, fallen die Grenzen von Raum und Zeit fort (siehe auch Schopenhauer, Parerga und Paralipomena). Das Ich sieht unmittelbar in die Spiegel-Ebene des Absoluten. Aber auf diese Ebene muss es sich erst erheben, und dies gelingt nur, wenn es das reine WILLENS-Organ einzuschalten und das Intellektual-Organ gleichsam auszuschalten versteht. Der Intellekt ist zunächst nicht befähigt, das Absolute zu erkennen. Schopenhauer sagt:

„Die Einheit des Willens, in welchem wir das Wesen an sich der Erscheinungswelt erkannt haben, ist eine metaphysische, nicht auf den Funktionen unseres Intellekts beruhend und daher mit diesem nicht eigentlich zu fassen."

Das Coronarium (Epiphyse, Zirbel) ist ein eigentliches Willens-Organ. Von ihm aus projiziert sich der Wille ins Gehirn, von dessen Masse er umgeben ist. Er strahlt seine Energie in die Kortikal-Substanz. Der Ritualakt der Einweihung bezweckte eben dies, solchen Ur-Willen zur Selbst-Erkenntnis gelangen zu lassen. Der Wille, dessen Objektivation das Ich ist, soll sich im Akt der Einweihung in sich selbst erfassen, und da der Intellekt nur eine Erscheinungsform des Willens ist, soll dieser entgegengesetzt dem natürlichen Denken dem Willen untergeordnet werden. Das erfordert daher eine Umschaltung der gewöhnlichen Denkweise, und um sie zu erreichen bediente man sich des vorliegenden Rituals, von dem wir bereits einleitend sprachen. Wenn Schopenhauer von der „vierfachen Wurzel des Satzes vom Grunde" spricht, so reden die Ägypter hier von den „vier Bändern" des Kausal-Organs im Menschen. Diese sollten gefesselt werden, wie der obere Text sagt. Dieselbe Praktik nennen die Inder Sanyama, Fesselung der Sinne durch den höheren Willen! Sie ist für den Yoga, d. h. für die Wahrnehmung der höheren Einheit von Wille und Erkenntnis unerlässlich. Nietzsche sagt in „Also sprach Zarathustra": „Auch im Erkennen fühle ich noch meines Willens Zeuge- und Werde-Lust."

Um so den Willen als das Höhere im Menschen zu erkennen, muss man ihn sich im Menschen erfassen lassen- Hier fand man eine Praktik, die nach dem vorliegenden Phänomen vielleicht die einfachste und psychologisch bedeutsamste ist.

# Die letzte Stufe der Jenseits-Entwicklung

Der Gnadenhimmel Gottes säumt als höchster, farbiger Rand unsere Erde. Er trägt die Farbe des reinsten Sonnen-Goldes, ein lichtes Gelb. Die Ägypter stellen ihn dar durch den Sonnen-Diskus. In Basel befindet sich in der städtischen Gemäldesammlung das Bild des Schweizer Malers Buikhard, welches „Man-gold" betitelt ist. Auf ihm sehen wir nackte Jünglinge dies köstliche Sonnengold, das in lichtgelber Farbe aus einem strahlenden Regenbogen herabträuft, in Krügen auffangen und auf ihren Schultern der leidenden Menschheit zuführen. Es zeigt uns in trefflichem Bild die Bedeutung jenes höchsten Äthers, der unsere Atmosphäre durchströmt.

„Denn das ist der Geister Nahrung,<br>
Die im freisten Äther waltet:<br>
Ew'ger Liebe Offenbarung,<br>
Die zur Seligkeit entfaltet."

Was heißt aber hier „freister Äther"? Dass er frei ist von jeder stofflichen Behauung, dass er durch alles hindurchgeht, in allem leuchtet, und doch von keinem Stofflichen absorbiert wird.

„Der höchste Geist ist frei von jedem Zwang,<br>
Frei von den Eigenschaften der Natur,<br>
Und wird, auch wenn er einverleibt erscheint,<br>
Durch nichts, was die Natur bewirkt, befleckt.<br>
Wie reinster Äther durch den Körper dringt<br>
Und doch durch diese nicht verändert wird,<br>
So wohnt der Weltgeist (ägypt. Rê) in den Wesen frei."

Nach dem Totenbuch ist das Licht des höchsten Himmels eine frei durch alles hindurch dringende Substanz und als solche durchaus wirklich, ja, wirklicher als jeder andere Äther, der nur von ihm seinen Glanz borgt, wie denn auch der Licht-Äther uns nicht leuchtet, wenn wir nicht Kinder dieses Licht-Äthers wären:

> „Was, die Sonne sollte nur da sein, weil wir sie sehen, nein, wir wären nicht da, wenn uns die Sonne nicht sähe!"
>
> Goethe

Und so kommen wir nun zum eigentlichen Grundgedanken des Totenbuches, dem Hervorgehen im Licht. Die Sonne (Re, phre) ist nicht nur gesehenes, sondern auch absolutes Licht, d. h. ihre höchste und reinste Essenz leuchtet in sich selber. An diese Essenz sollen wir herandringen, um aufzuerstehen. Sie ist das Licht, in dem wir wiederkehren. Die Wirklichkeit der dreidimensionalen Materie dagegen ist nur eine imaginative (eingebildete). Sie ist abgeleiteter Natur. Die in sich ruhende höchste Substanz, Gott als Liebe, ist die einzige Wirklichkeit, in der auch das Herz letzthin allein das wirkliche Sein empfindet und ruhig wird. Jede andere Wirklichkeit verblasst und bricht wieder in sich zusammen. Darum erfolgt nun auch die Auferstehung der Seele nach dem Totenbuch durch die Liebe und durch den von der Liebe erleuchteten Verstand in diesem höchsten Äther: Haru. Und Pir-em-haru, der Titel des Totenbuches, bedeutet so eigentlich das Hervorgehen im Seligkeitslicht der Gnade.

Haru hat im Ägyptischen sowohl die Bedeutung von Licht, wie von Seligkeit (Freude), wie von Gnade. Alle drei Begriffe sind in einem vereint und bezeichnen den „Triangel der Liebe", Sothis, die hohe Gottheit der Ägypter, welche auch Merja (Mertja) heißt, das ist die Maria der Christen. Gnade ist die in sich selbst leuchtende Liebe, die durch nichts außer ihr selbst Liegendes bestimmt wird. Sie ist die wahre Substanz, in der alles Sein beruht, die Substantia als causa sui, wie sie uns bei Spinoza ebenfalls, im Totenbuch, aber leuchtender entgegentritt.

Freilich beachteten die Hermeneuten des Totenbuchs zu wenig, das es Esoterik ist, was hier geschrieben steht. Und nicht im oberflächlichen Studium dieser Schrift findet man ihren Gehalt. Der Begriff Chont = Gnade ist vollkommen esoterisch (innen, verborgen) und nur durch die Meditation ermittelbar. CH-ON-T ist ein Symbol, das die drei Sphären, das dreifache Licht des göttlichen Gnaden-Himmels, symbolisiert. Im ersten Laut „CH" liegt das Prinzip des „Ju"-piter, des höchsten Sternes dieses Himmels, im zweiten Symbol „ON" liegt das Prinzip der Venus, des zweiten Sternes dieses Himmels.

Die Planeten galten in der alten Esoterik als die Grundtöne eines verborgenen, gleichsam kosmischen Tonsystems, in welchem der göttliche Wille sich dem erleuchteten Gemüt kundgibt und kundzugeben vermag. Ju-piter (Amon) ist das Schwingen der höchsten Saite. Es liegt in unserem Ich-Laut als in dem Ton des höheren Selbst, den der vernimmt, der den Gnaden-Himmel betritt; denn ohne dass er von einem göttlichen und höheren Ich weiß, kann er nicht eintreten. Mit diesem höheren Ich verbindet den Menschen der Glaube. Er muss an ein solches glauben, dann wird ihm die göttliche Gnade zuteil. So versiegelt der Ch-Laut den Weg zum Chont-Himmel (Gnaden-Himmel). Hat er das höhere Ich erkannt, so wird er auch der Liebe (Venus) fähig.

So öffnet sich die zweite Pforte im Gnaden-Himmel: ON, die das Symbol Ch-on-t in sich selbst aufweist, genau wie unser deutsches Wort G-na-de. Auch dieses enthält die drei Dominant-Töne in einer gewissen Sprach-Mystik:
„G" - Jupiter (Ton Ju, ego) d. h. Hingebung, Glaube an das höhere Selbst;
„Na" - Venus (Ton on, wou), d. h. Sanftmut der Liebe;
„De" - Saturn (Ton Set, tat) d.h. Standhalten im höheren Willen.

Hingebung - Sanftmut - Standhalten ist der dreifache Christus-Stern dieses höchsten Himmels. Wer des ewigen Lebens teilhaftig werden will, muss die Schwingungen dieser drei Töne, welche in sich wiederum eine Einheit bilden, verkörpern. Alle seine Handlungen müssen auf diesen dreifachen Akkord der göttlichen Liebe gestimmt sein. Dann ruft sie ihn tönend wach, dann vernimmt er das ungeheure Schöpfungs-Geheimnis, das Erwachen der Seele im himmlischen Licht, das Pir-em-haru-Geheimnis, nach welchem das Totenbuch genannt ist.

# Weitere Bücher des Schleierwelten-Verlags

TELEKINESE UND MATERIALISATION
Das Buch der Gedankenkraft und Verkörperung
Von Dr. Musallam und Onna Amakutschi
Din A5, Softcover, 88 Seiten
ISBN 978-3-937341-37-8
12,60 Euro

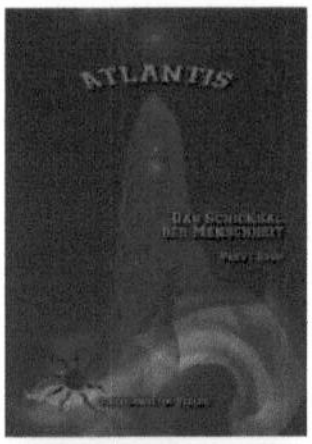


ATLANTIS
Das Schicksal der Menschheit
Von Peryt Shou
Din A5, Softcover, 82 Seiten
ISBN 978-3-937341-32-3
12,60 Euro

DER HÜTER AM TOR
Uranisches Zeitalter und Urreligion
Von Peryt Shou
Din A5, Softcover, 108 Seiten
ISBN 978-3-937341-35-4
13,90 Euro

LEHRBRIEF DER HERMETISCHEN ALCHEMIE
Hermetik - Alchemie - Astrochemie
Von Oswald Wirth
Din A4, Spiralbindung mit Schutzfolie und festem Buchrücken, ca. 30 Seiten
ISBN 978-3-937341-27-9; 9,90 Euro

DIE HEILIGE MAGIE DER STERNE
Hermetisches Sternenweistum
Von Pascal Beverly Randolph
Din A5, Softcover, 228 Seiten, zahlreiche Abbildungen von Giordano Bruno
ISBN 978-3-937341-28-6; 22,-- Euro

LIBER INITIATO VEL TAHUTI
Von Kurt C Krause;
Din A5, Softcover, 56 Seiten
ISBN 978-3-937341-26-2
9,90 Euro

DIE ESSENZ DER MAGIE
Einweihungsschrift & Arbeitsbuch
Nach Rah Omir Quintscher
Din A4, Spiralbindung mit festem Buchrücken & kartoniertem Hochglanz-Cover mit Schutzfolie, 54 Seiten
ISBN 978-3-937341-25-5; 16,90 Euro

MEDUSA - DÄMON DER MENSCHHEITSKULTUR
Von Peryt Shou
Din A4, Spiralbindung mit festem Buchrücken und Schutzfolie, 62 Seiten
ISBN 978-3-937341-33-0
15,80 Euro

ADONISMUS - DAS URWISSEN DER MENSCHHEIT, BAND 4
Magismus, Die Ägyptischen Offenbarungen & Weltenergien - Das Gesetz der Magischen Ströme
Nach Rah Omir Quintscher
Din A5, Softcover, 192 Seiten
ISBN 978-3-937341-17-0
26,-- Euro

ADONISMUS - DAS URWISSEN DER MENSCHHEIT, BAND 3
Reprint nach der Gesamtausgabe der *Bibel des Adonis* & Das Buch der Formeln von Rah Omir Quintscher
Din A5, Softcover, 202 Seiten
ISBN 978-3-937341-16-3; 26,-- Euro

MYTHOS MENSCHHEIT (ADONISMUS - DAS URWISSEN DER MENSCHHEIT, BAND 1 & 2 IN NEUAUFLAGE!)
Das Leben und Sterben der Götter, Kulturen und Religionen nach Dr. Musallam;
Softcover, 17 x 22 cm, 264 Seiten
ISBN 978-3-937341-20-0; 29,80 Euro

ADONISTISCHE ASTROMAGIE
Astromagisches Lehrbuch
Nach Rah Omir Quintscher
Din A5, Softcover, 90 Seiten
ISBN 978-3-937341-18-7
20,-- Euro

SCHRIFTEN DER ASTROLOGIE
Nach der Zauberbibel Astrologie von Dr. Musallam;
Softcover, Großformat (17,6 x 25 cm); 102 Seiten
ISBN 978-3-937341-23-1
20,-- Euro

VOODOO UND DER DONNERSTEIN
Von R. Ragnarök & Yara
Exclusives Design, außergewöhnlicher Inhalt; Rituale, Hintergrundinformationen, u.v.m.;
Din A4, Spiralbindung mit Schutzfolie und festem Buchrücken; 50 Seiten;
ISBN 978-3-937341-13-2; 18,-- Euro

EINFÜHRUNG IN DIE WELT DER RUNEN
Grundlagen Runenmagie
Autorin: Yara
88 Seiten, Paperback
ISBN 978-3-937341-36-1
11,90 Euro